한 권으로 끝내는 축구 전술 70

니시베 겐지·기타 겐이치로 지음
김정환 옮김
한준희 (KBS 축구해설위원) 감수

한스미디어

| 감수의 글 |

축구의 이론과 실전을 잘 버무려놓은
재미있는 축구 전술서!

한준희(KBS 축구해설위원, 아주대학교 겸임교수)

이 책을 읽는 누구나가 리오넬 메시가 될 수는 없다. 이 책을 독파하는 것만으로 데이비드 베컴과 같은 크로스를 구사할 수도 없으며 필리포 인자기처럼 골잡이가 되는 것도 아니다. 하지만 그럼에도 이 책은 메시와 베컴, 인자기와 같은 선수들의 플레이에 담긴 '전술적 의미'와 '아이디어'를 잘 설명해주고 있다.

그라운드 위에서 인생을 바치지 않은 필자가 축구 전술서에 관한 이야기를 꺼내는 것은 어쩌면 자체로 부끄럽고 쑥스러운 일이다. 그러나 다른 한편으로, 축구를 '말'이나 '글'로 표현하는 업에 종사해온 필자는 그라운드 안에서 펼쳐지는 축구의 다양한 전술적 국면들을 쉽고도 재미있게 기술한 양서를 기다려왔다. 솔직히 말해 이 책은 필자의 그러한 기다림을 꽤나 충족시켜 준다. 이 책의 장점들을 더 자세히 얘기하자면 다음과 같다.

첫째, 이 책은 축구의 가장 흔한, 하지만 가장 기본적인 개념들을 알기 쉽게 설명한다. 축구 중계 중 우리는 종종 '오버래핑' '압박' '커버' 등과 같은 표현, 맨트를 듣지만 실상 오버래핑이 어떤 상황에서 적합한 것인지, 압박을 어떻게 해야 하는지, 커버의 가장 기본적인 요령은 무엇인지에 관해 물으면 알기 쉬운 대답을 내놓기가 쉽지 않을지도 모른다. 이 책은 그러한 근본적인 물음들에 대한 개념적 해답을 던져줄 것이다.

둘째, 이 책은 이론적이면서 실전적이다. 물론 이 책은 기술서가 아니다. 예를 들어 이 책은 축구선수가 킥이나 패스를 하기 위해 볼의 어떤 부위를 어떻게 차야 하는지를 설명하지는 않는다. 그러나 이 책은 어떤 킥이나 패스가 성공리에 수행됐을 경우 그것들이 전술적으로 어떤 의미를 지니는지, 왜 그러한 상황에서 특정한 기술이 효과적일 수 있는지, 수비 측의 대응 원리는 무엇이어야 하는지 등에 관해 설명한다. 따라서 이 책은 실전에서 필요한 선수들의 '생각'을 증진시키는 데 도움이 될 거라 사료된다.

셋째, 이 책은 개인 전술, 부분 전술, 팀 전술을 두루 커버한다. 이 책은 한 명의 개별적 선수로부터 팀 전체에 이르기까지 각각의 전술적 단위들이 수행하는 기본적인 움직임의 의미와 그 바탕에 깔린 아이디어를 흥미롭게 기술하고 있다.

넷째, 이 책은 이해를 돕는 실제 사례를 제공한다. 리오넬 메시, 사비 에르난데스, 데이비드 베컴, 프랑코 바레시, 필리포 인자기, 안드레아 피를로, 제나로 가투소, 프란츠 베켄바워 등의 선수들은 그들의 특정한 플레이 스타일이 우리 뇌리에 명확하게 각인되어 있는 인물들이다. 이 책은 본문과 미니 칼럼들을 통해 그들의 플레이를 예로 들어 설명하고 있어 독자들의 흥미를 높임은 물론 직관적 이해를 돕는다.

다섯째, 이 책은 전술 변화의 역사를 포함한다. 어떤 개념을 설명함에 있어 그 변화의 역사를 다루는 것은 적어도 얼마간 필수적이다. 물론 이 책은 조너선 윌슨의 전술사와 같은 목적으로 쓰인 책이 아니므로 축구 전술, 시스템과 포메이션의 변화상을 디테일하고 심도 있게 기술하고 있지는 않다. 그러나 필요한 맥

락에서 필요한 만큼 그것을 기술함으로써 독자의 이해를 돕고 있다.

　물론 이 책에는 '단점 아닌 단점'도 있다는 생각이다. 저자가 일본 사람이다 보니 실제 사례를 예시함에 있어 일본 선수, 일본에서 활동한 지도자들의 이름이 꽤 등장하는 편이다. 나카무라 슌스케, 카가와 신지 등의 선수들, 그리고 이비차 오심, 필립 트루시에 같은 지도자들의 이름이 그것이다. 하지만 '일본 축구인'의 잦은 등장을 불편한 감정으로 바라보기보다 그 사례들을 활용한 설명이 전해주고 있는 '전술적 의미'에 초점을 맞추면서 이 책을 읽으셨으면 하는 바람이다. 어쩌면 앞으로 우리 대한민국 선수들, K리그 팀들을 실제 사례로 활용하는 전술서를 탄생시켜야 하는 책임은 필자와 같은 축구 글쟁이들의 몫인 듯하다.

　마지막으로 이 책이 축구와 친해지고자 하는 꿈나무들로부터 전문적인 축구선수들, 그리고 축구를 보다 분석적으로 즐기고자 하는 팬들에게까지 널리 활용되었으면 하는 마음 간절하다.

Prologue

프롤로그

축구는 '전술'이다!

스페인에서는 흔히 "축구는 전술이다"라고 말한다. "축구는 기술이다"도, "축구는 체력이다"도 아니다. 사실 스페인의 코치들도 축구를 하는 데 기술과 체력, 전술이 모두 필요하다는 것을 당연히 알고 있다. 그런데도 그들이 "축구는 전술이다"라고 단언하는 이유는 전술을 중시하는 영리한 축구를 하고 싶다는 강한 바람에서일 것이다.

전술에는 이론이 따르기 마련이다. 왜 그곳으로 움직이는 편이 좋은가? 왜 그곳으로 패스를 하는가? 가령 골키퍼와 1대1 상황인데 슈팅 각도가 거의 없다. 한편 골문 앞에는 마크를 받지 않는 자유로운 동료가 있다. 그러나 패스를 하는 척하다 골키퍼의 가랑이 사이를 노리고 슛을 했다. 골~인! 멋진 플레이다. 그러나 이것은 전술적인 관점에서는 최선의 플레이가 아니다. 축구에서 공격을 하는 이유는 득점을 하기 위해서다. 그러므로 점수를 냈으면 그것으로 오케이이지만, 이론상 이 경우에는 자유로운 동료에게 패스하는 것이 원칙이다. 이론을 계속

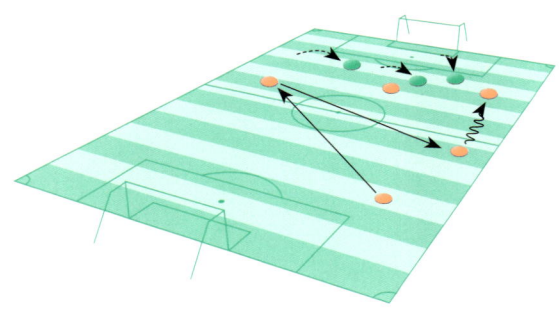

무시하거나 이론을 모르는 채로 플레이하면 플레이의 성공률은 점점 낮아질 것이다.

먼저 이론을 익힌다. 이론을 익힌 다음 그 이론을 거스르는 리스크를 스스로 판단하고 자신의 책임 하에 플레이한다. 이것이 중요하다고 생각한다. 축구를 알기 위해서는 먼저 이론을 알아야 한다. 선수는 실전 속에서 이론을 배우고, 코치는 연습을 통해 선수가 이론을 습득하도록 이끈다. 그러나 때로는 말로 설명할 필요도 있을 것이다.

나는 유명 선수도 아니었고 코치도 아니다. 다만 축구를 '말'로 표현하는 일을 수년간 계속해왔다. 그런 내게 이 책을 쓸 기회가 온 것은 말로 설명해주기를 원하는 사람들이 있어서가 아닐까 생각한다.

여러분이 이 책을 통해 축구에 대해서 얻는 것이 있다면 참으로 기쁠 것이다.

니시베 겐지

Contents

감수의 글 · 002
프롤로그 · 006

STAGE_01   개인 전술   [공격 Attack]

01 드리블로 수비를 돌파하는 비결 ／ 메시의 드리블 습관을 팀 전체가 활용한다 · · · · · · · · · · 012
02 발이 느려도 드리블로 돌파하는 비결 ／ 상대의 움직임을 역이용하라 · · · · · · · · · · · · · 014
03 패스를 쉽게 받는 비결 ／ 수적 우위를 낳는 바르셀로나의 패스워크 · · · · · · · · · · · · · · 016
04 퍼스트 터치 때 앞을 향하는 비결 ／ 어느 쪽으로도 움직일 수 있도록 패스를 받는 사비 · · · · 018
05 공을 확실히 키핑하는 비결 ／ 발밑에 공을 감추는 호나우지뉴 · · · · · · · · · · · · · · · · · 020
06 왼발잡이 선수의 이점을 살리는 비결 ／ 보기 드문 왼발잡이 오른쪽 풀백 · · · · · · · · · · · 022
07 패스를 한 뒤에 움직일 장소 ／ 명콤비였던 지단과 리자라쥐 · · · · · · · · · · · · · · · · · · 024
08 인사이드와 아웃사이드 숏패스의 비결 ／ 패스의 각이 넓은 엔도 · · · · · · · · · · · · · · · 026
09 타이밍 벗어난 패스를 하는 비결 ／ 타이밍을 자유자재로 조절한 크루이프 · · · · · · · · · · 028
10 스루패스의 패턴 ／ 빠른 움직임에는 느린 패스 · 030
11 수비수의 뒷공간을 차지하는 법 ／ 카가와는 수비수의 사각으로 들어간다 · · · · · · · · · · 032
12 슛을 성공하기 쉬운 지역 ／ 무적의 델피에로존 · 034
13 중거리 슛을 성공하는 비결 ／ 골인 아니면 홈런 · 036
14 얼리크로스의 타이밍을 맞추는 법 ／ 베컴을 활용하는 법 · · · · · · · · · · · · · · · · · · · 038
15 하이크로스의 타이밍을 맞추는 법 ／ 정면에서 쏘는 슛이 가장 성공률이 높다 · · · · · · · · 040

STAGE_02   개인 전술   [수비 Charge]

16 수비를 할 때의 우선순위 ／ 다 함께 수비하면 무서울 것이 없다? · · · · · · · · · · · · · · · 044
17 1대1 상황에서 상대와의 거리감 ／ 이론이 언제나 옳지는 않다 · · · · · · · · · · · · · · · · 046
18 공에 달려드는 타이밍 ／ 패스하기 전에 움직일 것인가, 말 것인가? · · · · · · · · · · · · · · 048
19 가로채기를 할 때의 비결 ／ 포워드의 몸짓을 보고 다음 전개를 예측한다 · · · · · · · · · · · 050
20 몸집이 큰 선수가 공을 키핑하고 있을 때의 수비법 ／ 몸싸움을 피하고 샌드위치 마크 · · · · 052
21 드리블을 하며 다가오는 상대를 저지하는 법 ／ 1대2 상황을 극복한 베켄바워의 침착함 · · · 054
22 등 뒤 공간으로 패스가 연결되었을 때의 리커버 ／ 바레시의 면도날 태클 · · · · · · · · · · · 056
23 측면으로 몰아낼까? 중앙으로 몰아넣을까? ／ 만약 메시나 베일과 1대1 상황이라면? · · · · · 058

24 압박을 가하러 갈지 말아야 할지의 판단 기준 / 싸움닭 가투소의 진가와 진화 · · · · · · · · · · · 060
25 슬라이딩으로 저지하는 상황 / 공포의 '헤드 태클' · 062
26 크로스에 의해 실점하지 않는 비결 / 센터백은 '클래스'로 수비한다 · · · · · · · · · · · · · · · 064
27 세컨드볼을 차지하는 비결 / 세컨드볼에 발군의 위력을 발휘하는 마켈렐레의 기동력 · · · · · 066
28 볼 클리어의 우선순위 / 클리어할 때는 태평양까지 날려라! · 068
29 발이 빠른 선수를 수비하는 법 / 두 명이 협력해 로벤을 봉쇄하다 · · · · · · · · · · · · · · · · 070
30 테크닉이 좋은 선수를 수비하는 법 / 다니엘 알베스는 수비하는 윙어? · · · · · · · · · · · · · 072

STAGE_03   그룹 전술   [공격 Strategy]

31 침투 패스를 하는 이유 / 호나우두가 전술이다? · 076
32 미끼 움직임의 노림수 / 압박을 유도한 뒤 푸는 지단의 게임 메이킹 · · · · · · · · · · · · · · · 078
33 오버래핑의 메커니즘 / 오버래핑으로 상대 팀의 라인을 끌어내린다 · · · · · · · · · · · · · · · 080
34 퍼제션의 이론 / 잉글랜드와 스코틀랜드 · 082
35 롱볼을 활용하는 법 / 잉글랜드의 롱볼 전법이 사라진 이유 · 084
36 역습의 성공률이 높은 이유 / 무리뉴가 구사하는 강팀의 역습 · · · · · · · · · · · · · · · · · · · 086
37 원 터치 플레이의 이점 / 원 터치 플레이의 진가 · 088
38 위험 지역을 이용하는 법 / 위험 지역은 아스날의 생명선 · 090
39 측면 전환의 타이밍 / 이탈리아의 피를로 시스템 · 092
40 오프사이드 트랩을 무너뜨리는 법 / 오프사이드 포지션에서 골을 넣는 인자기 · · · · · · · 094

STAGE_04   그룹 전술   [수비 Discipline]

41 지역 방어와 대인 방어의 차이점 / 포백의 정착 · 098
42 챌린지&커버 이론 / 200가지나 되는 2대2 수비 패턴 · 100
43 역습을 저지하는 방법 / 3미터 콘셉트 · 102
44 강력한 드리블러를 억제하는 비결 / 강력한 공격수를 억제하려면? · · · · · · · · · · · · · · · 104
45 전방에서부터 압박하는 법 / 네덜란드의 공 사냥 · 106
46 공수 전환의 비결 / 후방에서 대기하는 부스케츠가 압박의 열쇠 · · · · · · · · · · · · · · · · 108
47 골문 앞까지 밀렸을 때의 수비법 / 카테나치오와 1:0의 미학 · · · · · · · · · · · · · · · · · · 110
48 지역 방어의 마크 인계 / 밀란의 라인 컨트롤 · 112
49 페널티 에어리어 안에서의 수비 방법 / 일본이 범했던 오류 · · · · · · · · · · · · · · · · · · · 114
50 반격을 할 때 플레이의 우선순위 / 피케의 고속 측면 전환 · 116

009

STAGE_05   팀 전술   [시스템 System]

51 시스템과 포메이션의 차이 / 전술을 바꾼 밀란 · · · · · · · · · · · 120
52 현대 시스템의 원점 / 아르헨티나의 전통인 엔간체(enganche) · · · · · · · · · · · 122
53 압박을 하는 법 / 측면 미드필더에게 많은 운동량을 요구하는 잉글랜드식 · · · · · · · · · · · 124
54 브라질식 수적 우위 확보법 / 모든 포지션이 짝을 이루는 브라질의 전통적 시스템 · · · · · · · · · · · 126
55 네덜란드식 수적 우위 확보법 / 메시의 가짜 9번(false nine) 전술 · · · · · · · · · · · 128
56 매치업이 어긋났을 때의 대응책 / 균형 잡힌 '수페르 데포르' · · · · · · · · · · · 130
57 균형 감각의 중요성 / 스페인의 우승을 뒷받침한 세나 · · · · · · · · · · · 132
58 '제로톱'의 메커니즘 / 토티와 제로톱의 계보 · · · · · · · · · · · 134
59 바르셀로나의 수비 시스템 / 트루시에 감독의 플랫 쓰리 · · · · · · · · · · · 136
60 축구와 시스템의 관계성 / 아약스, 네덜란드, 바르셀로나의 3-4-3 · · · · · · · · · · · 138

STAGE_06   팀 전술   [세트피스 Set-piece]

61 롱볼을 차지하는 비결 / 지능적인 골킥 작전 · · · · · · · · · · · 142
62 스로인을 득점 기회로 바꾸는 비결 / 스로인은 사실 공격 측에 불리하다? · · · · · · · · · · · 144
63 롱스로인을 골로 연결하는 비결 / 프리킥이나 다름없는 델랍의 롱스로인 · · · · · · · · · · · 146
64 프리킥을 직접 골로 연결하는 비결 / 벽 사이를 뚫는 히벨리노의 신기(神技)와도 같은 프리킥 · · · · · · · · · · · 148
65 측면의 프리킥에서 골을 넣는 비결 / 골키퍼를 울리는 크로스 · · · · · · · · · · · 150
66 프리킥의 수비 이론 / 벽이 오히려 방해가 될 때도 있다 · · · · · · · · · · · 152
67 코너킥에서 골을 넣는 비결 / 하늘 높이 솟았다가 낙하하는 '하이 코너킥' · · · · · · · · · · · 154
68 코너킥의 수비 이론 / 코너킥의 수비 방법에서 엿볼 수 있는 감독의 생각 · · · · · · · · · · · 156
69 페널티킥을 성공하는 비결 / 결승전에서 평소와는 반대로 찬 지단 · · · · · · · · · · · 158
70 페널티킥을 막기 위한 이론 / 승부차기에서 요구되는 승부욕 · · · · · · · · · · · 160

칼럼 | 고금의 축구 전술 이야기 –다섯 시스템의 시대–

Column 01_1930~1960년대: WM과 오프사이드 규칙 · · · · · · · · · · · 042
Column 02_1950~1960년대: 헝가리의 MM과 브라질의 4-2-4 · · · · · · · · · · · 074
Column 03_1960~1970년대: 충격적이었던 네덜란드의 축구 · · · · · · · · · · · 096
Column 04_1980~1990년대: 밀란이 일으킨 전술상의 혁명 · · · · · · · · · · · 118
Column 05_2000년대~: 바르셀로나가 가져온 변화 · · · · · · · · · · · 140

에필로그 · · · · · · · · · · · 162

STAGE_01
스테이지

Tactics : **개인 전술**

공격

[Attack]

| 공 격 | **Attack** |

Question:

01 드리블로 수비를 돌파하는 비결

그렇구나!

드리블로 눈앞의 상대를 제치면 상대 팀은 마크나 포지셔닝을 수정해야 하므로 수비에 빈틈이 생긴다. 드리블로 상대를 효과적으로 제치는 요령을 알아두자.

> 아무리 드리블을 잘해도 혼자서 수비를 돌파하는 데는 한계가 있다는 말이지.

드리블의 포인트는 속도와 방향의 변화를 적절히 활용하는 것이다. 비결은 이 정도밖에 없으며, 상대 수비수를 돌파하는 방법은 개인의 습관이나 플레이의 창의성에 따라 달라진다. 가령 크리스티아누 호날두는 스텝오버(헛다리)를 많이 사용하지만 메시는 거의 사용하지 않는다. 메시의 드리블은 대부분 왼발 아웃사이드로 공을 차며 왼쪽으로 돌파하는 패턴이다. 어린 시절의 경기 영상을 봐도 알 수 있지만, 아마도 그 무렵부터 이 패턴이 메시의 장기였던 것으로 생각된다.

페인트 패턴을 다양하게 가지고 있다 해도 그 패턴을 경기에서 실제로 구사할 수 있느냐는 별개의 문제다. 요컨대 자신 있는 패턴을 구사해 돌파하면 그것으로 충분하다. 놀이나 게임에서 1대 1을 할 때 자주 성공하는 패턴이 있을 것이다. 그것이 '자신의 패턴'이다. 자신의 패턴이 있으면 그 패턴을 구사할 수 있는 상황을 만드는 것이 중요하다.

물론 좋아하는 선수를 흉내 내는 것도 한 가지 방법이다. 그때는 기술의 형식뿐만 아니라 수비수와 어느 정도 간격을 두고 어느 때 속도를 내는지도 주목하기 바란다. 여기에 돌파의 힌트가 숨어 있다.

3포인트 레슨

1. 속도와 방향에 변화를 주자!

2. 양보다 질이다. 자신 있는 '돌파' 패턴을 찾아내자!

3. 좋아하는 선수를 흉내 내자!

그림으로 확인하는 전술적 포인트

 드리블을 하기 유리한 상황을 만든다

예를 들어 정상급 축구 클럽인 바르셀로나는 메시의 드리블을 기점으로 공격을 구성한다. 오른쪽 측면에서 메시가 유리한 상태로 1대1을 하도록 만드는 것이 팀에 강력한 무기가 되기 때문이다. 먼저 왼쪽 측면에서 공을 돌려 상대 팀 선수들을 왼쪽 측면으로 몰리게 한 뒤 오른쪽 측면의 높은 위치(공격 방향의 전방)에 있는 메시에게 패스를 보낸다. 상대 팀 수비수는 메시에게 공이 패스된 다음에 오른쪽 측면으로 이동하기 시작하므로 메시의 드리블에 대한 대응이 한 박자 늦어진다. 1대1로는 메시의 드리블을 저지하지 못한다.

수비수를 왼쪽 측면으로 끌어들인 다음 오른쪽 측면으로 공을 보내 1대1 상황을 만든다.

유리한 상태를 만든 다음 공격을 시도하면 기회가 확대된다.

☞ 축구 박사가 밝히는 비밀의 전술

메시의 드리블 습관을 팀 전체가 활용한다

아무리 프로 선수라고 해도 주로 사용하는 드리블 패턴은 정해져 있다. 이는 달리 말해 절대적인 패턴이 한 가지 있으면 그것으로 충분하다는 뜻이기도 하다. 상대가 그 패턴을 경계하면 의도적으로 그 패턴을 구사하는 척 페인트를 쓰며 역으로 가는 두 번째 드리블 패턴이 만들어진다. 가령 메시의 경우에는 왼발 아웃사이드로 공을 차며 왼쪽으로 돌파하는 것이 절대적인 패턴이다. 그래서 바르셀로나는 메시를 오른쪽 측면에 배치하고 그 반대쪽인 왼쪽 측면에서 패스를 돌리는 작전을 자주 사용했다. 왼쪽에서 오른쪽으로 측면 전환을 통해 메시에게 좀 더 넓은 공간에서 1대1 상황을 만들어주기 위함이다. 메시는 오른쪽 측면의 1대1 상황에서 자신 있는 패턴을 구사하며 중앙으로 들어와 슛이나 원투 패스, 라스트 패스를 노린다.

공격　　Attack

Question:
02 발이 느려도 드리블로 돌파하는 비결

그렇구나!

> 어쩐지 발이 그렇게 빠른 것도 아닌데 공을 빼앗기지 않는 선수가 있더라.

정말 발이 느리면 드리블로 상대를 돌파하지 못할까? 속도에 자신이 없는 선수는 물론 자신 있는 선수도 알아둬야 할, 속도를 보완하기 위한 드리블 돌파 기술.

속도는 드리블의 효과를 높이는 조건 중 하나일 뿐 절대 조건은 아니다. 실제로 세계 정상급 선수 중에도 발은 빠르지 않지만 드리블을 잘하는 선수가 있다. 발이 느려도 드리블을 잘하는 선수들에게는 공통점이 있다. 상대를 잘 관찰한다는 것이다. 발이 느린 선수가 단순히 직선으로 치고 나가려 하면 상대보다 느리므로 불리하다. 그러나 수비수가 멈춘 타이밍에 움직이거나 수비수가 예측한 반대 방향으로 움직이면 느린 속도를 보완할 수 있다. 이런 솜씨가 매우 뛰어났던 선수가 '가즈'라는 별명으로 유명한 미우라 가즈요시다. 그의 특기는 재빠르게 공을 타 넘는 스텝오버라는 기술인데, 이 기술은 수비수의 발을 멈추게 하거나 중심을 흐트러뜨리는 효과가 있다.

상대를 제치는 기술 못지않게 제친 뒤의 플레이도 중요하다. 이때의 핵심은 수비수의 '등 뒤' 공간으로 들어가는 것이다. 수비수에게서 공으로 향하는 직선 코스를 없애버리면 수비수가 공을 쫓아가는 거리가 멀어지며, 수비수는 무리하게 저지하려다 파울을 범하지 않을까 우려해 직접 공에 발을 뻗지 못한다.

〈 3포인트 레슨 〉

1. 발이 느린 선수는 속도로 승부하려 하지 마라!

2. 느린 발을 보완해주는 것은 타이밍이다!

3. 수비수를 제친 뒤에는 등 뒤 공간으로 들어가자!

그림으로 확인하는 전술적 포인트

✕ 같은 방향으로 계속 드리블한다

수비수가 더 빠르다고 가정했을 경우의 1대1. 공을 단순히 세로 방향으로 드리블하며 수비수와 나란히 달리면 발이 더 빠른 수비수가 먼저 공을 건드리거나 태클로 저지한다.

단순히 앞으로만 드리블하며 수비수와 나란히 달리면 속도에서 지고 만다.

○ 등 뒤 공간으로 들어가 상대 수비수를 떼어놓는다

드리블로 수비수를 제친 다음에는 상대의 등 뒤 코스로 들어간다. 수비수는 뒤에서 건드리면 파울이 선언될 우려가 있으므로 함부로 달려들지 못한다. 페널티 에어리어 주변에서는 더욱 효과적이다.

상대를 제친 다음 등 뒤 공간으로 들어가 공에 발을 뻗지 못하게 한다.

👉 축구 박사가 밝히는 비밀의 전술

상대의 움직임을 역이용하라

발이 빠르지 않아도 드리블로 수비수를 제칠 수 있다. 미우라 가즈요시는 전성기에도 발이 빠른 선수가 아니었다. 잔 스텝과 볼 터치, 공을 타 넘는 페인트 모션 등은 재빨랐지만 일직선으로 달리는 속도는 빠른 편이 아니었다. 그러나 드리블의 명수인 그는 상대의 움직임을 역이용해 돌파했다. 상대가 멈췄을 때 움직이고, 오른쪽으로 움직이면 왼쪽으로, 왼쪽으로 움직이면 오른쪽으로 움직였다. 상대와 같은 방향으로 달리면 발이 빠른 쪽이 더 유리하지만, 상대가 움직이지 않을 때 움직이거나 상대와 반대 방향으로 움직이면 속도는 별로 중요한 문제가 아니게 된다.

공격 　　Attack

Question:
03 패스를 쉽게 받는 비결

그렇구나!

나처럼 팀의 '신뢰'가 있으면 달라고 하지 않아도 알아서 패스가 오지 않을까?

열심히 움직이는데 좀처럼 패스가 오지 않는다. 피치 안에서 자신이 있을 곳을 찾지 못하는 선수가 의외로 많다. 사비처럼 패스를 받는 요령을 익히자.

패스를 받기 위해서는 몇 가지 '철칙'이 있다. 당연한 말이지만, 볼 홀더(공을 가지고 있는 선수)와 자신 사이에 상대팀 선수라는 '장애물'이 있으면 패스는 오지 않는다. 장애물이 없는 장소에 있을 것. 이것이 첫 번째 철칙이다.

두 번째 철칙은 패스를 하는 선수의 시선에 위치하는 것이다. 패서(패스하는 선수)가 어느 방향에서 압박을 받고 있는지, 어느 쪽 발로 공을 잘 차는지 등을 감안해 패서가 패스하기 쉬워 보이는 장소에 위치를 잡자.

세 번째 철칙은 상대와 거리를 두는 것이다. 가로 패스를 받을 때 볼 홀더와 가로로 같은 선상에 서서 공을 받는 것은 추천하지 않는다. 그 상태에서 상대에게 압박을 받으면 앞으로도 뒤로도 패스하기가 어려워진다. 공을 받을 때는 공과 진행 방향이 시야에 함께 들어오도록 각도를 잡아 최대한 압박을 받지 않는 것이 중요하다.

다만 패스를 하는 선수의 기량이나 자신의 기량에 따라서도 차이가 생기므로 기본적인 철칙을 확실히 인식한 다음 자기 나름대로 변형시켜 보기 바란다.

《 3포인트 레슨 》

1. 자신과 공을 가진 동료 사이에 패스 코스를 만들자!

2. 패서의 시선에 서서 패스하기 쉬운 장소로 움직인다!

3. 각도를 만들어 압박을 벗어나자!

그림으로 확인하는 전술적 포인트

× 압박의 표적이 되는 경우

볼 홀더와 가로로 같은 선상에 서서 패스를 받으면 눈앞에 있는 상대의 압박에 대한 대응이 늦어져 전방으로 공을 전개하기 어려워진다.

가로 패스에 대해 압박이 들어오면 앞으로 공을 전개하기 어려워진다.

○ 넓은 시야로 플레이할 수 있는 경우

공을 가진 동료의 대각선 뒤쪽에 서면 수비수의 압박이 들어와도 넓은 시야와 상대와의 거리를 확보한 상태에서 여유롭게 플레이할 수 있다.

대각선 뒤쪽에서 패스를 받으면 압박이 와도 시야를 넓게 유지할 수 있다.

☞ 축구 박사가 밝히는 비밀의 전술

수적 우위를 낳는 바르셀로나의 패스워크

패스를 돌릴 때 가장 중요한 것은 포지셔닝(위치 선정)이다. 특히 수적 우위를 낳는 것이 핵심이 된다. 축구에서는 일반적으로 후방에 수적 우위가 있다. 전방으로 갈수록 상대 팀의 수비수가 많아지는 것이 보통이다. 요컨대 후방으로 패스하면 자유롭게 공을 받을 수 있는 선수가 반드시 있다는 뜻이다. 골키퍼에게 마크가 붙는 일은 거의 없다. 즉 골키퍼를 포함하면 후방은 반드시 수적으로 유리한 상태다. 그 다음은 상대가 압박을 가할 때 어디가 비느냐. 후방으로 보내는 패스와 전방으로 보내는 패스, 이 둘을 연결하는 포지셔닝이 올바르면 패스는 반드시 연결된다. 바르셀로나는 백패스를 효과적으로 사용하고 있는 것이다.

공격　　　**Attack**

Question:
04 퍼스트 터치 때 앞을 향하는 비결

> 그렇구나!
> 트래핑을 할 때는 항상 몸의 정면에서 공을 멈춰야 한다고 생각했는데, 그게 아니구나.

패스를 받은 순간 상대가 공을 건드린다. 이것은 상대와의 거리에 맞춘 트래핑을 하지 못했기 때문이다. 공을 발밑에서 멈춘다. 흘리며 받는다. 이 두 가지를 정확히 할 수 있는 기술을 갈고닦자.

축구의 기본은 공을 멈춘 다음 차는 것이다. 이 공을 멈추는 기술인 트래핑은 축구에서 가장 중요한 기술이다. 트래핑을 잘하면 드리블이든 패스든 슛이든 상대보다 한 박자 빨리 다음 플레이를 할 수 있으므로 매우 유리해진다.

앞에서 공을 멈춘다고 했는데, 엄히히 말하면 공을 멈추는 것만이 트래핑은 아니다. 공을 발밑에 멈추는 트래핑과 주위로 흘리며 멈추는 트래핑 양쪽을 구사할 수 있게 되면 플레이의 폭이 넓어진다. 발밑에 멈추는 트래핑밖에 하지 못하면 극단적으로 말해 플레이의 선택지가 절반으로 줄어든다.

어떤 트래핑을 할지는 상대의 접근 상황과 거리에 따라 결정한다. 왼쪽 측면에서 온 패스를 중앙에서 받는 상황이라고 가정하자. 상대와 거리가 가까울 때는 공이 오는 쪽 발로 멈춘다. 오른발잡이라 해도 왼발 인사이드나 아웃사이드 혹은 발바닥으로 공을 멈춰 상대로부터 공을 지켜야 한다. 반대로 상대가 다가오지 않을 경우(기준은 2미터 이상 떨어져 있을 경우)에는 몸을 틀어 앞을 향하면서 오른발로 트래핑한다. 퍼스트 터치 때 앞을 향할 수 있으면 그 뒤의 플레이에 여유가 생긴다.

(3포인트 레슨)

1. 트래핑에 성공하면 다음 플레이가 유리해진다!

2. 공을 멈추는 트래핑뿐만 아니라 흘리는 트래핑도 익히자!

3. 상대와의 거리에 맞춰 적절한 플레이를 선택하자!

그림으로 확인하는 전술적 포인트

상대로부터 먼 쪽 발로 트래핑한다

트래핑을 할 때 수비수가 접근한 상태라면 상대와 공 사이에 자신의 몸을 집어넣어 블로킹한다는 느낌으로 공을 멈춘다. 이 상황에서 억지로 앞을 향하려 하거나 상대와 가까운 쪽 발로 멈추려 하면 공을 빼앗길 수 있으니 주의하자.

상대와 거리가 가까우면 상대로부터 먼 쪽 발로 멈춘다.

왼발로 트래핑

턴을 하면서 반대쪽 발로 트래핑한다

공을 받을 때 상대가 그다지 적극적으로 다가오지 않거나 멀리 떨어져 있으면 몸을 틀어 전방을 향하면서 반대쪽 발로 트래핑할 수 있다. 공이 오기 전에 주위의 상황을 확인해두는 것이 중요하다. 이 플레이를 할 수 있으면 '공을 멈춘다 → 앞을 향한다'라는 과정이 생략되므로 좀 더 빨리 다음 플레이로 넘어갈 수 있다.

상대와 거리가 2미터 이상 떨어져 있으면 패스가 온 방향과 반대쪽 발로 공을 멈추며 턴할 수 있다.

👉 축구 박사가 밝히는 비밀의 전술

어느 쪽으로도 움직일 수 있도록 패스를 받는 사비

사비는 패스를 받을 때 가능하면 공에서 먼 쪽의 발로 컨트롤한다. 왼쪽에서 패스가 오면 오른발, 오른쪽에서 패스가 오면 왼발이다. 가령 왼쪽에서 온 패스를 오른발 인사이드로 컨트롤한다고 가정하자. 이때 공을 오른발 앞에 두면 공이 온 방향과 반대쪽 측면으로 플레이를 전개하기 쉽다. 그러나 상대가 접근할 경우도 있는데, 그때는 공을 왼쪽에 둔다. 그리고 오른쪽으로 턴하는 척하면서 오른발 인사이드로 공을 튕기며 왼쪽으로 이동해 수비수의 의표를 찌른다. 사비는 자신에게 다가오는 상대를 보면서 어느 쪽으로나 공을 전개할 수 있다.

공격　　　Attack

Question:
05 공을 확실히 키핑하는 비결

그렇구나!

심한 압박 속에서는 단 한 번의 볼 컨트롤이 희비를 가른다. 공을 키핑하면서 기회를 확실히 살리는 플레이를 체득해 팀의 중심 선수가 되자.

> 나의 테크닉만 갈고닦으면 볼 키핑은 문제없다고 생각했는데, 상대와의 머리싸움이 중요하구나.

공을 키핑할 수 있느냐, 그러지 못하느냐는 팀 전체의 플레이 스타일에 큰 영향을 끼치는 중요한 요소다. 공을 키핑할 수 있는 선수가 없으면 공을 소유하고 있지 않은 선수는 앞으로 나아가기를 주저하며, 그 결과 팀 전체의 플레이가 소극적으로 되어버린다. 그러나 공을 키핑할 수 있는 선수가 있으면 자신 있게 앞으로 나아가는 적극적인 축구를 할 수 있다.

트래핑 항목에서도 언급했지만, 상대가 다가오거나 거리가 가까울 때는 상대와 공 사이에 몸을 집어넣어 블로킹하는 듯한 키핑이 원칙이다. 때로는 여러 선수에게 둘러싸이는 상황도 생기는데, 그럴 때는 어떻게든 자주 공을 건드리자. 무작정 버티기만 해서는 공을 빼앗기기 쉬우므로 공을 자주 건드려 상대의 태클 타이밍을 없애는 것이 현명하다.

상대와 거리가 있을 때는 턴을 해서 앞을 향하고, 상대가 반응하면 반대 방향으로 움직여 제친다. 이런 플레이를 잘하는 선수가 사비와 이니에스타 같은 스페인의 몸집 작은 선수들이다. 이 플레이에는 '가까이 오면 제쳐버리겠어'라고 상대를 견제하는 효과도 있다.

3포인트 레슨

1. 공을 키핑할 수 있으면 팀은 적극적인 플레이를 한다!

2. 상대 선수들에게 둘러싸이면 일단 자주 공을 건드리자!

3. 공을 키핑하는 척 페인트를 넣으며 하는 턴은 견제 효과가 있다!

그림으로 확인하는 전술적 포인트

CLOSE-UP 1 상대와 공 사이에 자신의 몸을 집어넣는다

볼 키핑의 기본 중의 기본이다. 상대가 근처에 있거나 트래핑 순간을 노릴 때 섣불리 앞을 향하다가는 공을 빼앗긴다. 상대와 공 사이에 자신의 몸을 집어넣고 자세를 낮춰 균형을 잡으면 압박에 견딜 수 있다.

상대와 공 사이에 자신의 몸을 집어넣는다.

CLOSE-UP 2 공을 키핑하다 재빨리 제친다

상대가 거리를 두고 수비할 때는 트래핑을 한 다음 재빨리 턴해 앞을 향한다. 상대가 다가오면 체중이 실려 있는 쪽과 반대쪽으로 방향을 바꾼다. 상대는 체중이 실려 있으므로 단번에 방향을 바꾸지 못한다.

턴에 상대가 반응하면 역방향으로 턴한다.

👉 축구 박사가 밝히는 비밀의 전술

발밑에 공을 감추는 호나우지뉴

패스를 받았을 때 상대가 바로 근처까지 접근한 상태일 경우도 있다. 그럴 때는 상대로부터 먼 쪽 발로 공을 컨트롤하는 것이 기본이다. 호나우지뉴는 그런 상황일 때 발바닥을 자주 사용한다. 발바닥으로 공을 밟으면 공을 완전히 자신의 지배 아래 둘 수 있으므로 배후의 상대에게 주의를 기울일 수 있다. 호나우지뉴는 상대가 자신의 등 뒤에 바짝 달라붙는 순간, 공을 자신의 발밑으로 살짝 끌어당긴다. 그러면 상대는 호나우지뉴의 몸에 가려 공을 볼 수 없게 된다. 흔히 상대로부터 먼 곳에 공을 두고 싶어 하는데, 오히려 가까운 곳에 두는 방법도 있는 것이다.

공격 / Attack

Question 06: 왼발잡이 선수의 이점을 살리는 비결

> 그렇구나!

오른발잡이와 왼발잡이는 킥으로 공을 보내는 각도나 플레이의 선택지가 다르다. 팀에 소중한 왼발잡이의 특징을 이해하고 그 이점을 최대한으로 활용하자!

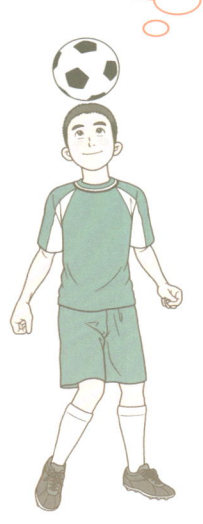

> 오른발잡이와 왼발잡이에게 유리한 포지션이 있었구나. 코치님도 그런 말씀은 안 해주셨는데.

축구에는 '왼발잡이에게 더 유리한 포지션'이 있다. 그 전형적인 예가 좌측 풀백이다. 멤버 11명 중에는 대개 왼발잡이가 한두 명 정도 있는데, 그중 한 명을 왼쪽 풀백에 배치한다. 왜 그럴까?

예를 들어 왼쪽 측면의 터치라인 근처에서 왼쪽 풀백이 공을 가지고 있다고 가정하자. 왼발이라면 인사이드로 회전을 줘서 터치라인을 따라가는 패스를 보낼 수 있지만, 오른발을 써서 똑같은 궤도로 공을 보내려면 아웃사이드로 회전을 주는 고난이도의 기술이 요구된다. 요컨대 왼쪽 측면에서는 왼발잡이가 좀 더 자연스러운 상태로 플레이할 수 있는 것이다.

다만 세로 방향으로 길게 공을 차는 빈도가 줄어드는 높은 위치에서는 또 이야기가 다르다. 최근에는 오른쪽 측면에 왼발잡이 선수를 두는 일이 많아졌는데, 이는 측면에서 중앙으로 파고드는 컷인(중앙으로 파고들기)이 쉽기 때문이다. 드리블을 하며 중앙으로 들어왔을 때 왼발잡이는 몸을 중앙으로 향한 상태에서 공을 가질 수 있으므로 다양한 선택을 할 수 있다.

팀의 전술적인 다양성을 높이기 위해서도 왼발잡이의 이점을 살릴 수 있는 포지션에 왼발잡이 선수를 배치하는 것이 중요하다.

3포인트 레슨

1. 왼발잡이가 더 효과적인 포지션이 있다!

2. 터치라인 근처에서는 측면의 방향과 같은 쪽 발을 쓰는 것이 유리하다!

3. 측면의 높은 위치에서는 무엇을 노리느냐에 따라 유리한 발이 달라진다!

그림으로 확인하는 전술적 포인트

CLOSE-UP 1 낮은 위치에서의 세로 패스 거리

왼쪽 풀백 선수가 왼쪽 측면의 터치라인 근처에서 공을 가지고 있다가 중앙 쪽에서 다가온 상대에게 압박을 받을 때, 왼발을 사용하느냐 오른발을 사용하느냐에 따라 공을 보낼 수 있는 거리가 달라진다.

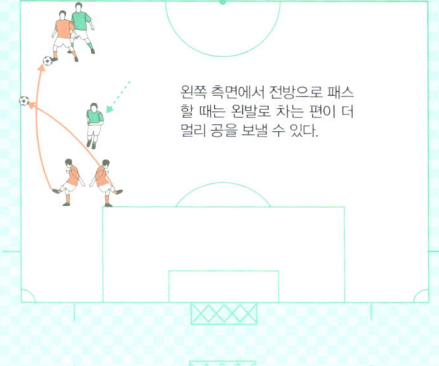

왼쪽 측면에서 전방으로 패스할 때는 왼발로 차는 편이 더 멀리 공을 보낼 수 있다.

CLOSE-UP 2 높은 위치에서의 컷인 플레이

오른쪽 측면의 높은 위치에서는 왼발잡이인 편이 컷인 후 원투 패스나 슛을 노리는 등 효과적인 공격을 펼치기 쉽다. 다만 세로 방향으로 직선 돌파를 노릴 때는 사용하는 발과 같은 측면으로 돌파하는 편이 크로스를 올리기 쉬우므로 반드시 어느 쪽이 더 좋다고는 단언할 수 없다.

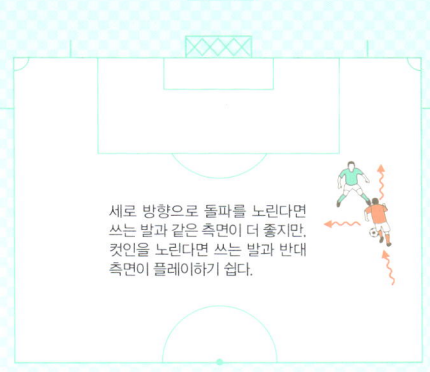

세로 방향으로 돌파를 노린다면 쓰는 발과 같은 측면이 더 좋지만, 컷인을 노린다면 쓰는 발과 반대 측면이 플레이하기 쉽다.

☞ 축구 박사가 밝히는 비밀의 전술

보기 드문 왼발잡이 오른쪽 풀백

왼발잡이는 열 명 중 한 명꼴이라고 한다. 이 비율은 시대와 국가를 불문하고 거의 차이가 없다. 필드 플레이어 열 명 중 왼발잡이가 아니면 곤란한 포지션은 왼쪽 풀백이다. 왼발로 공을 차지 않으면 왼쪽 터치라인을 최대한 활용하기가 곤란하기 때문이다. 마찬가지로 오른쪽 풀백의 경우에는 오른발을 쓰는 선수가 좋은데, 이쪽은 열 명 중 아홉 명이 오른발잡이이므로 선수를 선발하는 데 어려움이 없다. 그런데 아주 드물지만 왼발잡이 오른쪽 풀백도 있다. AS 모나코에서 뛰던 지베라는 선수가 그랬다. 같은 팀에 왼발잡이 왼쪽 풀백(에브라)이 있었기 때문이다. 이 선수 외에는 왼발잡이 오른쪽 풀백이 생각나지 않는다.

공격　　　Attack

Question: 07 패스를 한 뒤에 움직일 장소

그렇구나!

'패스&고!'라고 항상 배웠지만, 어디로 달려가야 하는지는 몰랐어.

동료에게 패스를 한 다음에는 달리는 편이 좋을까, 그 자리에 있는 편이 좋을까, 아니면 그 자리에서 벗어나는 편이 좋을까? 볼 점유의 기본이 되는 패스 받는 법의 이론을 익히자.

공을 계속 차지하기 위해서는 패스를 한 선수가 다음에 패스를 받을 수 있는 장소로 정확히 이동해야 한다. 패스를 한 뒤에 공을 가진 선수를 보지 않고 무작정 앞으로 달리는 선수가 있는데, 이러면 동료가 패스를 하지 못한다. 패스를 받은 선수가 자신을 보고 있는지, 상대에게 압박을 받고 있는지 판단하는 것이 매우 중요하다.

패스를 한 뒤의 움직임은 크게 두 가지로 나뉘는데, 어느 쪽을 선택하느냐는 공을 가지고 있는 선수의 상황에 따라 결정된다. 동료가 앞을 향한 상태에서 패스 코스를 찾을 때는 동료를 앞질러 오버래핑을 하거나 수비 라인 뒤쪽의 공간을 노리고 달리자. 만약 동료가 압박을 받고 있어 전방을 볼 여유가 없다면 자유로운 상태에서 패스를 받을 수 있는 장소로 이동해 동료를 지원한다.

물론 공을 가진 선수의 기량도 중요한 요소다. 공을 소유하고 있는 선수의 키핑 능력이 확실하다면 다소 압박을 받더라도 이를 제치고 패스할 가능성이 있으므로 과감하게 전진한다. 반대로 기술에 불안감이 있는 선수라면 되도록 지원을 우선하자.

3포인트 레슨

1. 어디로 움직이느냐는 동료의 상황에 따라 결정된다!

2. 동료가 앞을 향할 수 있으면 오버래핑!

3. 동료가 압박을 받으면 지원!

그림으로 확인하는 전술적 포인트

동료를 앞질러 패스를 받는다

패스를 한 뒤 공을 받은 동료가 그다지 압박을 받고 있지 않아 앞을 향할 수 있을 때는 과감하게 오버래핑한다. 전방에 패스 코스를 만들면 공을 가진 선수는 선택지가 늘어나고 상대는 수비할 대상을 좁힐 수 없으므로 유리한 상황에서 공격을 전개할 수 있다.

동료가 앞을 향할 수 있으면 적극적으로 오버래핑한다.

후방에서 패스를 받는다

패스를 한 뒤 공을 받은 선수가 강한 압박을 받아 앞을 향할 여유가 없다고 판단되면 무리하게 올라가지 말고 후방에서 동료를 지원한다. 동료가 공을 빼앗겼을 때 커버가 쉬운 대각선 뒤쪽에 포지션을 잡는 것이 원칙이다.

동료가 압박을 받고 있으면 후방에서 지원한다.

☞ 축구 박사가 밝히는 비밀의 전술

명콤비였던 지단과 리자라쥐

지단과 리자라쥐는 보르도와 프랑스 대표팀의 명콤비였다. 왼쪽 측면에서 지단이 공을 키핑하는 동안 왼쪽 풀백인 리자라쥐가 지단을 추월해 오버래핑한다. 그러면 지단이 적절한 타이밍에 리자라쥐에게 패스를 보내고, 그 공을 리자라쥐가 받아 왼쪽 측면을 돌파하는 장면을 자주 볼 수 있었다. 단독으로 지단을 마크하며 공을 빼앗기는 쉬운 일이 아니다. 그래서 상대 팀에서는 선수 두 명이 지단을 수비한다. 이렇게 지단에게 두 명이 달라붙으므로 리자라쥐는 자유로워지는 것이다. 레알 마드리드에서는 지단과 초공격형 왼쪽 풀백인 호베르투 카를로스가 명콤비를 이루었다.

공격　　Attack

Question: 08 그렇구나!
인사이드와 아웃사이드 숏패스의 비결

어떻게 하면 상대에게 간파당하지 않고 패스할 수 있을까? 그 해답은 숏패스의 기본인 인사이드킥과 아웃사이드킥의 적절한 활용에 있다.

> 축구의 수준이 높아질수록 압박이 들어오는 속도도 빠르니까 상황에 맞춰 킥을 구분할 필요가 있어.

롱패스는 인프런트나 인스텝으로 찰 때도 있지만, 숏패스를 연결할 때는 인사이드킥과 아웃사이드킥이 기본이다.

인사이드킥은 축발을 내딛고 차는 발로 '면'을 만들어 차는 방식이므로 패스를 할 때 '하나, 둘'이라는 리듬이 생긴다. 넓은 면으로 차므로 패스의 정확성은 있지만 타이밍을 재기가 쉽기 때문에 수비수에게 코스를 읽힐 수 있다.

아웃사이드킥은 앞으로 내민 발을 그대로 공에 맞혀 차는 방식이므로 인사이드킥에 비해 한 박자 빠르게 패스를 할 수 있다. 패스를 하는 타이밍과 방향을 읽기 어려우므로 가로채기를 잘 당하지 않는다는 장점이 있다.

패스를 잘하는 선수는 이 두 종류의 킥을 상황에 맞춰 사용한다. 패스를 할 때 상대 수비수가 가까우면 아웃사이드, 거리가 있으면 인사이드로 차는 것이 기본이다.

또 패스를 자주 차단당하는 선수는 킥을 차기 전의 모션 때문에 상대에게 패스를 읽히지 않도록 주의하자.

3포인트 레슨

1. 숏패스의 기본은 인사이드와 아웃사이드!

2. 두 가지 킥에는 각각 장점이 있다!

3. 상황에 맞춰 두 가지 킥을 적절히 사용하자!

그림으로 확인하는 전술적 포인트

CLOSE-UP 1 인사이드로 차면 도중에 차단당한다

중앙에서 오른쪽 측면으로 패스를 보내려 하는 장면이다. 패스를 받을 선수의 대각선 뒤쪽, 가로채기를 노릴 수 있는 거리에 수비수가 있다. 이 상황에서 한 발을 내딛은 다음 인사이드킥으로 패스하려 하면 수비수에게 의도를 읽혀 차단당할 우려가 있다.

축발을 한 발 내딛고 킥하면 상대에게 패스 코스와 타이밍을 읽히기 쉽다.

차단!

CLOSE-UP 2 아웃사이드로 한 박자 빠르게 차면…

이 상황에서는 축발을 내딛지 않고 찰 수 있는 아웃사이드킥이 좋다. 한 박자 빠르게 차므로 수비수는 행동을 시작하지 못하며, 그 결과 가로채기를 방지할 수 있다.

(축발을 내딛는 타이밍에) 아웃사이드를 사용해 한 박자 빠르게 킥하면 상대는 행동을 시작하지 못한다.

앗

👉 축구 박사가 밝히는 비밀의 전술

패스의 각이 넓은 엔도

수비수에게 패스 코스를 읽혔을 때는 수비수의 예측과 반대로 패스하면 된다. 다만 수비수의 머릿속을 읽기는 어려우므로 수비수의 동작을 보고 다음 움직임을 예상하는 것이 중요하다. 가령 수비수가 패스를 가로채려고 움직였다면 등 뒤의 공간을 노린다. 엔도 야스히토는 수비수의 움직임을 아슬아슬한 순간까지 보고 그 움직임과 반대 방향으로 보내는 패스가 일품이다. 대부분 오른발 인사이드를 사용하지만, 오른쪽으로 흘리듯이 차는 킥에서 왼쪽으로 감아 차는 킥까지 패스의 각도가 넓다. 수비수의 움직임을 예측하고 도중에 패스의 방향을 바꿀 수 있는 이유는 킥 기술의 폭이 넓기 때문일 것이다.

 공격　　　 **Attack**

Question:
09 타이밍 벗어난 패스를 하는 비결

> 그렇구나!

이론은 중요하지만, 이론을 역이용하는 것도 어떤 의미에서는 축구의 본질이다. 상대의 의표를 찌르는 타이밍에 패스를 보내면 패스의 효과가 극대화됨을 알아두자.

> 우리 아이는 플레이가 너무 정직한 게 아닐까? 축구는 순간적인 두뇌 회전이 필요한 스포츠인데 말이야.

혹자는 축구를 '속고 속이는 스포츠'라고 한다. 피치 위에서는 상대를 좀 더 잘 속인 쪽이 승리에 가까워질 수 있다. 이것은 패스를 할 때도 마찬가지다. 예를 들어 오른쪽 측면에 있는 동료에게 패스를 할 경우를 생각해보자. 동료와 가까운 곳에는 수비수가 있다. 이때 오른발 아웃사이드로 재빨리 차면 확실히 패스를 성공할 수 있을지 모르지만, 패스를 받은 선수는 자신을 마크하는 수비수를 제쳐야 한다. 그러나 일부러 오른발 인사이드로 패스하는 동작을 보여 수비수를 유인한 다음 빈 공간으로 패스를 보내면 동료는 자유로운 상태에서 패스를 받을 수 있다. 수비수를 제치는 작업이 생략됨으로써 기회가 확대된다.

축구에 완벽한 정답은 없다. 항상 재빨리 패스하는 것이 올바른 플레이는 아니며, 의도적으로 패스를 늦추는 것이 결과적으로 정답일 경우도 있다.

세계 수준의 축구에서는 별 생각 없이 하는 것처럼 보이는 패스에도 항상 이런 계산이 담겨 있다. 패스의 명수로 불리는 선수는 어디로 패스해야 가장 효과적일지 끊임없이 생각한다.

3포인트 레슨

1. 축구는 상대를 더 잘 속인 쪽이 이기는 스포츠다!

2. 기본은 빠르게, 하지만 느린 편이 나을 때도 있다!

3. 가장 효과적인 타이밍에 패스하자!

그림으로 확인하는 전술적 포인트

CLOSE-UP 1 아웃사이드로 가장 빠른 타이밍에 패스한다

중앙에서 오른쪽 측면으로 패스하는 상황. 수비수가 행동할 시간을 주지 않고 확실히 패스를 성공하려면 오른발 아웃사이드킥이 효과적이다. 그러나 수비수의 능력이 뛰어나면 패스가 성공한 뒤에 마크가 붙어 돌파할 수 없을 때도 있다.

오른발 아웃사이드로 재빨리 패스했지만….

CLOSE-UP 2 일부러 한 박자 늦춰 유인한 다음 패스한다

같은 상황에서 일부러 타이밍을 늦춰 가로채기를 유도한다. 수비수가 움직이기 시작했을 때 의표를 찔러 수비수의 등 뒤로 공을 패스하면 수비수는 공에 반응하지 못한다. 동료는 자유롭게 공을 받을 수 있다.

일부러 한 박자 늦추면 상대의 의표를 찌를 경우도 있다.

☞ 축구 박사가 밝히는 비밀의 전술

타이밍을 자유자재로 조절한 크루이프

오른발 인사이드와 아웃사이드, 왼발 인사이드와 아웃사이드. 이 네 종류의 킥을 할 수 있으면 공이 어디에 있더라도 빠르게 플레이할 수 있다. 오른발 바깥쪽에 공이 있을 때는 오른발 아웃사이드를 사용하면 가장 빠른 타이밍에 플레이할 수 있으며, 타이밍을 조금 늦추고 싶으면 왼발 인사이드를 쓰거나 축발을 다시 딛고 오른발 인사이드를 사용할 수도 있다. 양발의 인사이드와 아웃사이드를 모두 사용할 수 있으면 타이밍을 조작하기 쉬운 것이다. 1970년대의 슈퍼스타 요한 크루이프는 양발의 인사이드와 아웃사이드를 자유자재로 사용한 선수였다. 상대로서는 플레이를 예측하기 어려웠을 것이다.

공격　　Attack

Question: 10 스루패스의 패턴

> 그렇구나!

골문 근처까지 공을 전달해 최종 수비 라인을 돌파하는 '마지막 한 수'가 스루패스다. 여기에서는 수비수 앞을 지나가는 스루패스와 수비수의 등 뒤를 노리는 스루패스, 이 두 가지 패턴을 익히자.

> 패스를 어떻게 하느냐도 중요하지만 패스를 받을 선수의 준비가 부족할 경우도 있을 텐데, 그럴 때는 어떻게 해야 하지?

스루패스에는 크게 두 가지 패턴이 있다. 수비 라인 앞에 있거나 수비 라인과 나란히 서 있는 동료에게 수비 라인 앞으로 패스하는 패턴과 수비 라인의 배후 공간으로 달려드는 동료에게 패스하는 패턴이다. 어떤 상황이냐에 따라 패스 방법이 달라진다.

수비 라인 앞으로 패스하는 패턴일 때는 수비수가 가로챌 수 없도록 빠른 패스가 기본이다. 패스를 받을 동료의 발에 공을 명중시키는 이미지다. 속도를 내고 있는 선수에게 패스할 때는 '핀포인트' 컨트롤이 요구된다.

한편 수비 라인의 뒤를 노릴 때는 달려드는 동료의 속도를 계산하면서 느린 패스를 보내는 편이 좋을 것이다. 배려 없이 너무 빠른 타이밍이나 속도로 공을 차서 동료가 따라가지 못하는 패스는 그저 '자기만족'일 뿐이다.

스루패스의 목적은 수비수의 의표를 찌를 뿐만 아니라 동료가 골을 넣는 것이다. '좋은 스루패스'를 하기 위해서는 슛까지의 흐름을 상상해야 한다.

3포인트 레슨

1. 수비 라인의 앞을 노리느냐, 뒤를 노리느냐에 따라 패스의 종류를 바꾸자!

2. 수비 라인 앞으로 패스할 때는 빠른 패스로 발에 명중시키자!

3. 수비 라인의 뒤를 노릴 때는 받는 선수의 속도에 맞춰서 패스하자!

그림으로 확인하는 전술적 포인트

빠른 패스로 동료에게 명중시킨다

골문 앞에서 공을 가지고 있다가 수비 라인의 조금 앞쪽에 있는 동료 선수에게 스루패스를 보내는 장면이다. 공이 수비수 앞을 지나가므로 가로채기를 당하지 않도록 빠르게 패스한다. 동료의 발을 노리고 퍼스트 터치로 수비 라인을 돌파해 슛을 쏠 수 있는 패스를 노리자.

수비수의 앞을 지나가는 패스일 때는 받는 선수의 발에 명중시킨다는 느낌으로 빠르게 찬다.

느린 패스로 타이밍을 맞춘다

수비 라인의 배후로 달려 들어가는 선수에게 스루패스를 보내는 장면이다. 기본적으로 수비 라인과 골키퍼 사이의 공간은 그리 넓지 않다. 그러므로 골키퍼가 앞으로 나올 수 없는 장소에 속도를 죽여 받기 쉬운 패스를 보내자. 동료가 확실히 공을 컨트롤할 수 있으면 높은 확률로 골을 넣을 수 있다.

수비수의 배후 공간으로 패스할 때는 받는 선수가 따라잡을 수 있도록 느리게 굴린다.

👉 축구 박사가 밝히는 비밀의 전술

빠른 움직임에는 느린 패스

최고 속도로 달리고 있는 동료에게 정확하게 패스하기는 쉬운 일이 아니다. 상황에 따라 다르지만, 빠르게 움직이는 선수에게는 느린 속도의 패스가 타이밍을 맞추기 쉽다. 빠르게 움직이는 선수에게 빠른 속도의 패스를 보내면 공을 받는 데 고도의 기술이 요구된다. 수비 라인의 배후 공간으로 빠르게 달려드는 동료에게는 공이 살짝 뜨는 느린 패스를 보내보자. 사비나 메시는 이런 패스를 자주 사용한다. 패스 타이밍이 빨라도 달려가 공을 차지할 수 있으므로 오프사이드에 걸릴 위험성도 줄어든다. 반대로 멈춰 있거나 천천히 움직이는 선수에게는 빠른 패스가 좋을 것이다.

031

공격 | Attack

Question: 11 수비수의 뒷공간을 차지하는 법

그렇구나!

감독님이나 코치님이 지시하지 않아도 골문 앞에서 수비수를 잘 따돌리는 아이가 있는데, 이건 감각적인 걸까?

축구 용어로 '뒷공간'은 골키퍼와 수비수 사이에 생기는 공간을 가리킨다. 수비수의 뒷공간에서 공을 받는 것이 골로 이어지는 지름길이다. 드리블로 제치지 않고 수비수의 뒷공간을 차지해 골키퍼와 1대1 상황을 만들자.

포워드가 공을 받을 때 최우선적으로 노려야 할 곳이 수비 라인의 뒷공간이다. 여기에서 '뒷공간'은 골키퍼와 수비수 사이의 공간을 가리킨다. 수비 라인의 뒷공간에서 패스를 받으면 골대와 가까운 거리에서 결정적인 득점 기회를 잡을 수 있다.

이 뒷공간을 차지하는 비결은 상대 수비수의 무게중심과 반대로 움직이는 것이다. 이론적으로는 드리블로 수비수를 제치는 것과 같다. 수비수가 체중을 실은 방향과 반대로 움직이면 수비를 따돌리고 자유로워질 수 있다. 뒷공간을 차지하기 위해 수비수를 속일 때 큰 동작은 필요 없다. 한 발만 움직여도 충분하다.

수비수의 경계를 벗어나려면 수비수의 시선에서 벗어난 순간 움직이는 것도 중요하다. 수비수는 기본적으로 마크하는 상대와 공을 동시에 보려고 하는데, 패스를 하는 순간에는 공을 가지고 있는 선수 쪽을 본다. 수비수가 보지 않는 동안에 움직이는 것이 뒷공간을 차지하는 비결이다.

수비수가 뒷공간을 빼앗길까 봐 경계하면 수비 라인이 내려간다. 그러면 이번에는 수비 라인 뒤가 아니라 앞에 공간이 생긴다. 뒷공간에서 공을 받기가 어려울 때는 '앞공간'에서 공을 받는 플레이로 전환하자.

3포인트 레슨

1. 수비수와 반대 방향으로 움직이자!

2. 커다란 움직임은 필요 없다. 두세 걸음으로 충분하다!

3. 수비수의 시선에서 벗어난 순간 움직여 시야에서 사라지자!

그림으로 확인하는 전술적 포인트

○ 수비수와 반대 방향으로 움직인다

중앙에서 공을 가진 선수가 왼쪽 측면에 있는 포워드에게 패스한다. 수비수는 공이 있는 쪽으로 몰리므로 왼쪽 방향(수비 측에서 보면 오른쪽)으로 움직인다. 이때 오른쪽 측면의 포워드는 수비수와 반대 방향으로 움직이면 노마크 상태가 되기 쉽다. 자유로워진 포워드에게 패스가 연결되면 결정적인 기회가 생긴다.

상대의 움직임을 파악하고 반대 방향으로 움직이면 노마크 상태가 되기 쉽다.

× 수비수와 같은 방향으로 움직인다

같은 상황에서의 좋지 않은 플레이. 수비수가 왼쪽 측면으로 몰려갔는데 수비수와 같은 방향으로 움직이면 상대의 수비 범위에 들어가므로 마크가 따라붙기 쉬워진다.

상대와 같은 방향으로 움직이면 마크를 당하기 쉽다.

👉 축구 박사가 밝히는 비밀의 전술

카가와는 수비수의 사각으로 들어간다

카가와 신지는 골대 정면의 좁은 공간에서 패스를 받아 수비수를 뿌리치고 페널티 에어리어 안으로 침투하는 플레이를 잘한다. 수비수가 2~4명씩 있는 혼잡한 장소에서 패스를 받아 순식간에 그 안을 빠져나간다. 패스를 받을 공간이 있을 것 같지 않아 보이지만, 수비수의 움직임을 보고 반대 방향으로 살짝 움직여 패스를 받는다. 수비수는 몸을 돌리는 데 시간이 걸리므로 그 사이에 원 터치로 공을 컨트롤하면서 돌파한다. 카가와는 패스를 받을 때 한 걸음만 움직이는 경우도 있지만, 그것만으로도 수비수가 움직임을 수정해야 하는 장소에 있는 것이다.

공 격　　　**Attack**

Question:
12 슛을 성공하기 쉬운 지역

그렇구나!

결정력 있는 스트라이커는 '여기에서 슛을 하면 확실히 성공할 수 있어'라는 자신감이 있는 슈팅 지역을 가지고 있다. 결정력을 높이기 위해 자신에게 유리한 상황을 만드는 기술을 갈고닦자.

드리블을 할 때도 자신 있는 형태로 슛을 쏠 수 있도록 코스를 궁리할 필요가 있어.

'슛=인스텝'이라는 인상이 있는데, 슛은 무조건 강하게 찬다고 들어가는 것이 아니다. 프로의 경기에서도 인스텝으로 똑바로 차서 넣는 장면만 나오지는 않는다. 먼저 인스텝과 인프런트, 인사이드로 공을 차보기 바란다. 어떤 킥이 가장 정확한가? 상황에 따라 다르지만, 자신이 정확히 찰 자신이 있는 킥이 골로 이어질 가능성도 당연히 높다.

슛을 성공하기 쉬운 지역은 킥의 종류와도 관련이 있다. 직선으로 날아가는 인스텝킥의 경우 오른발이라면 니어사이드로도, 파 사이드로도 찰 수 있으므로 골대 오른쪽 45도가 성공률이 높은 각도다. 또 인프런트킥이 장기라면 쓰는 발과 반대쪽 측면 45도 위치에서 커브를 그리며 골대 안으로 감겨 들어가는 슛을 노릴 수 있다.

자신에게 적합한 슈팅 유형을 연마했다면 슈팅 상황까지 어떻게 이끌고 갈지 생각하면서 플레이하자. 프로 선수에게 같은 패턴의 골이 많은 것은 우연이 아니라 슛까지의 과정을 '역산'하며 플레이하기 때문이다.

3포인트 레슨

1. 자신이 정확히 찰 수 있는 킥으로 슛하자!

2. 슛에는 성공률이 높은 황금 지역이 있다!

3. 자신의 형태로 이끌고 갈 것을 생각하며 플레이하자!

그림으로 확인하는 전술적 포인트

왼쪽 45도에서의 슛(오른발)

왼쪽 측면 45도에서 오른발로 슛을 할 때는 인프런트로 골대 바깥쪽에서 커브를 그리며 파 사이드로 감겨 들어가는 슛을 노릴 수 있다. 수비수에 공이 가려져 골키퍼가 슛 타이밍을 읽기 어렵기 때문에 성공할 확률이 높은 형태다.

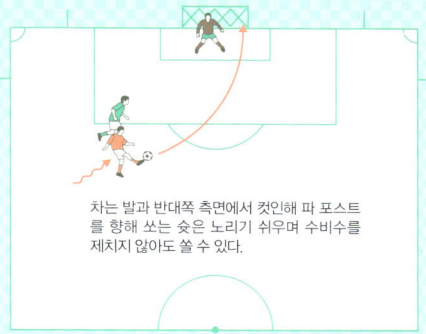

차는 발과 반대쪽 측면에서 컷인해 파 포스트를 향해 쏘는 슛은 노리기 쉬우며 수비수를 제치지 않아도 쏠 수 있다.

왼쪽 45도에서의 슛(왼발)

같은 위치에서 왼발로 슛을 노릴 경우에는 수비수를 제친 다음 쏠 때가 많다. 인스텝킥은 공의 궤도가 직선이 되므로 드리블로 공을 몰고 가는 위치가 중요하다.

차는 발과 같은 쪽 측면에서 파 포스트를 향해 슛할 경우에는 상대를 제친 다음에 찬다.

☞ 축구 박사가 밝히는 비밀의 전술

무적의 델피에로존

델 피에로의 전매특허는 페널티 에어리어 바깥쪽 좌측 45도 각도에서 쏘는 슛이다. 그 위치에서 오른발 인사이드나 인프런트를 사용해 파 사이드로 슛을 쏘는데, 성공률이 너무나 높아 '델피에로존'이라고 부를 정도다. 골문 오른쪽 위를 노린 슛은 커브를 그리며 골키퍼의 수비 범위 밖에서 골문으로 빨려 들어가 많은 골키퍼를 울렸다. 게다가 오른발로 차는 척하면서 한 번 젖히고 왼발로 슛하는 솜씨도 뛰어나 수비수로서는 예측이 어렵다. 이 지역에 들어가면 델 피에로는 매우 유리하게 공격을 전개했다. 말 그대로 무적의 '델피에로존'이었던 것이다.

공격	Attack

Question: 13 중거리 슛을 성공하는 비결

> 그렇구나!

중거리 슛은 단순히 강하게 찬다고 해서 성공하는 것이 아니다. '중거리 슛의 달인'인 제라드나 램퍼드처럼 중거리 슛을 넣는 비결을 익히자.

> 그저 강하게 슛하면 되는 게 아니야. 골을 넣기 위해서는 분명한 비결이 있다고!

페널티 에어리어 밖, 골대에서 20미터 정도 떨어진 곳에서 쏘는 슛을 중거리 슛이라고 부른다. 중거리 슛은 골대까지 거리가 있으므로 어느 정도 킥력이 요구된다. 그러나 킥력이 강한 선수가 반드시 중거리 슛의 성공률이 높은 것은 아니다. 중거리 슛을 성공하기 위해서는 조금 더 효과적인 비결이 있다.

그 비결은 무엇일까? 바로 크로스바를 노리는 것이다. 처음부터 코스를 노리고 직선으로 슛하면 공의 궤도는 골키퍼를 향한다. 그러나 골키퍼보다 높은 지점에 있는 크로스바를 노리고 슛하면 결과적으로 골키퍼의 머리 위를 넘어가는 궤도가 만들어진다.

유소년 축구나 여자 축구 경기에서 중거리 슛이 성공하는 경우는 대부분이 패턴이다. 유소년의 경우에는 키가 작은 골키퍼도 많으므로 골키퍼의 머리 위를 넘어가면 거의 슛이 성공한다. 다만 슛이 너무 약하면 골키퍼에게 잡히니 주의하자.

중거리 슛에서 또 한 가지 중요한 요소는 슛을 시도할 용기다. 애초에 슛을 하지 않으면 득점을 할 수 없다.

《 3포인트 레슨 》

1. 강하게 찬다고 해서 성공한다는 보장은 없다!

2. 크로스바를 노리고 슛하면 골키퍼의 머리를 넘긴다!

3. 슛을 하지 않으면 아무 일도 일어나지 않는다! 용기를 내자!

그림으로 확인하는 전술적 포인트

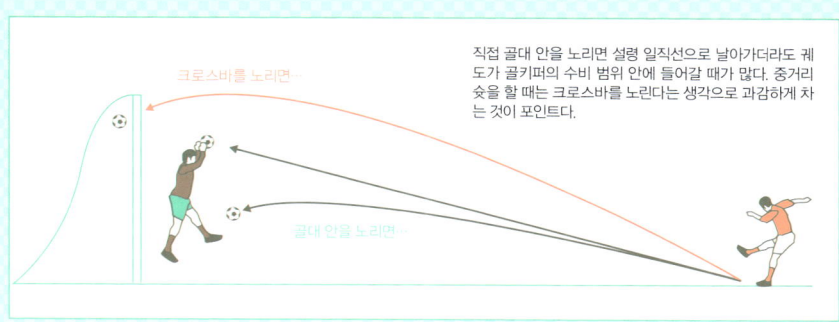

직접 골대 안을 노리면 설령 일직선으로 날아가더라도 궤도가 골키퍼의 수비 범위 안에 들어갈 때가 많다. 중거리 슛을 할 때는 크로스바를 노린다는 생각으로 과감하게 차는 것이 포인트다.

CLOSE-UP 1 크로스바를 노리고 슛한다

공과 골대를 연결하는 실제 궤도와 이미지에는 오차가 있다는 점, 그리고 찬 공은 날아가면서 상당히 속도가 줄어든다는 점을 먼저 이해하자. 골문 구석을 직접 노리고 쏜 슛은 그 궤도상 골키퍼에게 잡힐 가능성이 높다. 그러나 골키퍼보다 높은 위치에 있는 크로스바를 노리면 골키퍼의 머리 위를 지나 최고 지점에서 낙하하면서 골대 안으로 들어간다. 슛을 하기 전에 골키퍼가 어디에 서 있는지 보는 것도 중요하다.

👉 축구 박사가 밝히는 비밀의 전술

골인 아니면 홈런

1966년 월드컵에서 우승한 잉글랜드의 에이스 바비 찰튼의 중거리 슛은 '캐넌(대포)'이라 불릴 만큼 두려움의 대상이었다. 또 1970년 월드컵에서 우승한 브라질에는 히벨리노라는 강렬한 슈터가 있었다. 그들은 항상 과감하게 슛을 쐈기에 차는 위치가 조금 어긋나도 슛이 크게 벗어났다. 관중석이나 코너플래그로 차는 실수도 종종 있었다. 그러나 골대 안으로만 날아가면 거의 득점으로 이어졌기 때문에 계속 강한 중거리 슛을 쐈다. 골인 아니면 홈런. 강력한 슈터는 이렇게 단순하게 생각하고 과감하게 슛을 쏴도 될 것이다.

| 공 격 | **Attack** |

Question:
14 얼리크로스의 타이밍을 맞추는 법

그렇구나!

축구에서 측면 공격은 중요한 비중을 차지한다. 여기에서는 수비수와 골키퍼 사이의 공간으로 달려들어 빠르게 날아오는 공에 타이밍을 정확히 맞추는 비결을 익히자.

> 중앙에 득점력이 높은 선수가 있으면 공간을 노리고 과감하게 크로스를 올릴 수 있지.

얼리크로스는 그 이름처럼 공격으로 전환해 빠른 타이밍에 올리는 속도가 빠른 크로스를 가리킨다. 노리는 위치는 페널티 에어리어 안, 골키퍼와 최종 라인 사이에 생기는 공간이다.

얼리크로스가 골로 이어질 가능성이 높은 이유는 수비수가 골문 방향으로 내려오면서 수비하기 때문이다. 이 상황에서 수비수는 '공을 본다, 골문 쪽으로 내려온다, 마크할 선수를 바라본다'라는 세 가지 행동을 동시에 해야 하므로 자신이 마크하는 선수에게 완전히 집중하지 못한다.

얼리크로스에서 연결되는 슛은 빠르게 오는 공을 원 터치로 맞히는 경우가 대부분이므로 기본적으로는 건드리기만 해도 골인이 될 수 있는 크로스가 좋다.

얼리크로스를 올렸을 때 니어 사이드로 한 명, 파 사이드로 한 명이 들어가면 포인트가 두 개가 되어 성공률이 크게 높아진다. 니어 사이드의 경우 골포스트 바깥쪽으로 달려들면 슈팅 각도가 나지 않으므로 포스트 안쪽에서 슛하자. 파 사이드에서는 슛 포인트보다 바깥쪽에서 가볍게 커브를 그리면서 들어오면 크로스에 맞춰 미세 조정을 하기 쉽다.

〈 3포인트 레슨 〉

1. 수비수가 골문 방향으로 내려오고 있을 때가 기회!

2. 니어 사이드에서 슛을 할 때는 너무 골포스트 바깥쪽에 있지 않도록 주의하자!

3. 파 사이드에서는 바깥쪽에서 커브를 그리며 들어와 크로스에 맞춰 미세 조정!

그림으로 확인하는 전술적 포인트

니어 사이드에서 실패하면 파 사이드에서 슛을 노린다

얼리크로스를 노리는 장소는 골키퍼와 수비 라인 사이에 생기는 공간이다. 공이 느리면 골키퍼가 잡거나 펀칭을 하므로 빠른 공이 기본이다. 골문 앞에는 기본적으로 니어 사이드와 파 사이드에 한 명씩 위치한다. 한 선수가 먼저 니어 사이드에 와 있으면 다른 선수는 파 사이드로 이동하자. 니어 사이드와 파 사이드 양쪽에서 노리면 첫 번째 선수(니어 사이드)가 타이밍을 맞추지 못해도 두 번째 선수(파 사이드)가 타이밍을 맞출 수 있으므로 기회가 두 배로 늘어난다.

얼리크로스를 올릴 때는 수비수와 골키퍼 사이의 공간으로 빠른 공을 보내자.

니어 사이드와 파 사이드에 한 명씩 있으면 기회가 두 배로 늘어난다.

👉 축구 박사가 밝히는 비밀의 전술

베컴을 활용하는 법

베컴은 축구 역사상 롱패스가 가장 정확한 선수라고 생각한다. 피치의 어느 위치에 있든 2초 정도만 여유를 주면 정확한 패스를 보낼 수 있다. 나카무라 슌스케도 롱패스의 명수다. 두 선수 모두 측면 포지션에서 활약했는데, 여기에는 명확한 이유가 있다. 측면은 비교적 마크를 받지 않고 자유로울 때가 많은 장소이기 때문이다. 그들을 자유롭게 만들어 정확한 롱패스를 활용하는 전술이다. 또 네덜란드와 바르셀로나에서 활약한 센터백 쿠만의 롱패스도 유명했다. 롱패스를 활용하려면 후방 포지션이나 측면에 배치하는 것이 효과적이다.

공격　　Attack

Question: 15 하이크로스의 타이밍을 맞추는 법

그렇구나!

크로스 공격의 왕도(王道) 패턴을 소개한다! 어떻게 하면 크로스에 타이밍을 맞출 수 있을까? 어떻게 하면 크로스를 골로 연결할 수 있을까? 이 비결을 알면 골의 성공률이 높아진다.

헤딩이 강한 선수가 있으면 세컨드볼도 노릴 수 있지. 바깥쪽에서 뛰어드는 것도 좋아.

크로스 공격에서 골이 잘 나오는 이유는 옆에서 공이 날아오므로 수비수가 공과 자신이 마크할 선수를 동시에 볼 수 없기 때문이다. 그러나 한편으로는 공격 측도 측면에서 날아오는 공에 대응해 방향을 바꿀 수 있는 슈팅 기술이 요구된다.

하이크로스의 타이밍을 맞추기가 가장 쉬운 위치는 골문 정면이다. 골문 정면에서 슛을 하면 임팩트 포인트가 완벽하지 않아도 골대 안으로 날아갈 가능성이 높다. 하이크로스에서의 슛이 번번이 실패하는 사람은 골문 정면에서 슛해볼 것을 권한다. 파 사이드까지 흘러간 공은 직접 슛하기가 어렵다면 중앙이나 후방에 있는 동료에게 패스하자.

과거 일본의 공격수였던 가마모토 구니시게는 "앞쪽에 있는 수비수의 머리 위를 넘기고 2미터 범위 안에서 공이 50센티미터 낙하한 지점이 슛을 하기 좋은 명당자리"라고 말했는데, 이것은 지금도 변함이 없다. 간단하지는 않지만, 이런 크로스를 보낼 수 있으면 반드시 골로 이어진다. 크로스를 올리는 선수도, 슛을 하는 선수도 이렇게 똑같은 이미지를 그리며 플레이하는 것이 중요하다.

3포인트 레슨

1. 크로스가 올라오면 수비수는 공과 마크 대상을 동시에 볼 수 없다!

2. 니어 사이드보다 골문 정면이 슛의 성공률이 높다!

3. 앞쪽에 있는 수비수를 넘어 50센티미터 낙하하는 공이 최고의 크로스!

그림으로 확인하는 전술적 포인트

 골문에서 가까운 위치일 때는 헤딩

크로스를 골로 연결할 때 가장 많이 나오는 패턴이다. 점프한 앞쪽 수비수의 키를 넘겨 그 뒤에서 기다리는 동료의 머리 위치로 떨어지는 공을 맞힐 수 있느냐가 관건이다. 앞쪽의 수비수와 동료가 2미터 떨어져 있다고 가정하면 그 2미터를 날아가는 동안 50센티미터 정도 낙하하는 공이 이상적이다.

니어 사이드의 수비수 키를 넘겨 동료가 헤딩할 수 있는 높이로 떨어지는 크로스가 최고!

 골문에서 먼 위치일 때는 슈팅

마크 없이 자유로운 상태에서 슛을 쏘려면 수비 라인보다 한 라인 뒤쪽에서 슛하는 것도 방법이다. 헤딩은 골문에서 멀어지면 속도가 느려지므로 발로 슈팅하는 편이 성공률이 높을 것이다.

골문에서 멀어지면 자유로워질 수 있지만 골문과의 거리가 멀어지기 때문에 발리슛 등을 의식한 플레이를 하게 된다.

👉 축구 박사가 밝히는 비밀의 전술

정면에서 쏘는 슛이 가장 성공률이 높다

많은 득점이 측면에서의 크로스를 통해 만들어지는데, 그중에서도 골대 정면에서의 슛이 득점으로 이어질 확률이 가장 높다. 당연하다면 당연한 사실인데도 크로스를 슛으로 연결한다고 하면 니어 사이드만 강조하는 경향이 있는 듯하다. 프랑스의 릴 같은 팀은 한때 크로스의 대부분을 골대 정면 지역으로 올렸다. 크로스를 차는 선수는 동료가 골대 정면으로 들어올 것을 알고 있으므로 골대 정면을 보지도 않고 공에만 집중하며 찼을 정도다. 이러는 편이 망설임이 없어져 킥을 실수하는 일도 적다. 득점 성공률이 가장 높은 장소를 먼저 노리는 것도 하나의 방법이다.

1930~1960년대
: WM과 오프사이드 규칙

현대 축구로 이어지는 시스템의 원형은 WM 시스템이다. 아스날(잉글랜드)의 허버트 채프먼 감독이 고안했다고 알려져 있는 WM은 1925년에 오프사이드 규칙이 변경된 뒤로 주류 시스템이 되어 1960년대까지 장수했다.

1925년 이전에는 패스를 받는 선수와 골대 사이에 적어도 세 명의 상대편 선수가 있어야 했지만, 1925년부터 두 명으로 축소되었다. 규칙 개정으로 공격 측이 명백히 유리해졌기 때문에 그때까지의 투백에서 쓰리백으로 시스템이 변경되었다.

채프먼이 WM을 사용하기 시작한 것은 규칙 변경 전으로, 단순히 센터하프를 후방으로 내려 쓰리백으로 만든 것이 아니었다. 가로로 나란히 늘어선 포워드 다섯 명 중에서 두 명을 중원의 빌드업(공격 전개)에 참가시켜 인사이드 포워드로 삼았다. WM이라는 명칭은 공격수 다섯 명과 수비수 다섯 명을 선으로 연결하면 공격진이 'W', 수비진이 'M' 모양이 되는 데서 유래했다. 참고로 현재도 영국에서는 센터백을 센터하프라고 부르곤 하는데, 이는 WM 시스템에서 후방으로 내려간 선수가 투백 시스템에서의 센터하프였기 때문이다.

STAGE_02
스테이지

Tactics : 개인 전술

수비

[*Charge*]

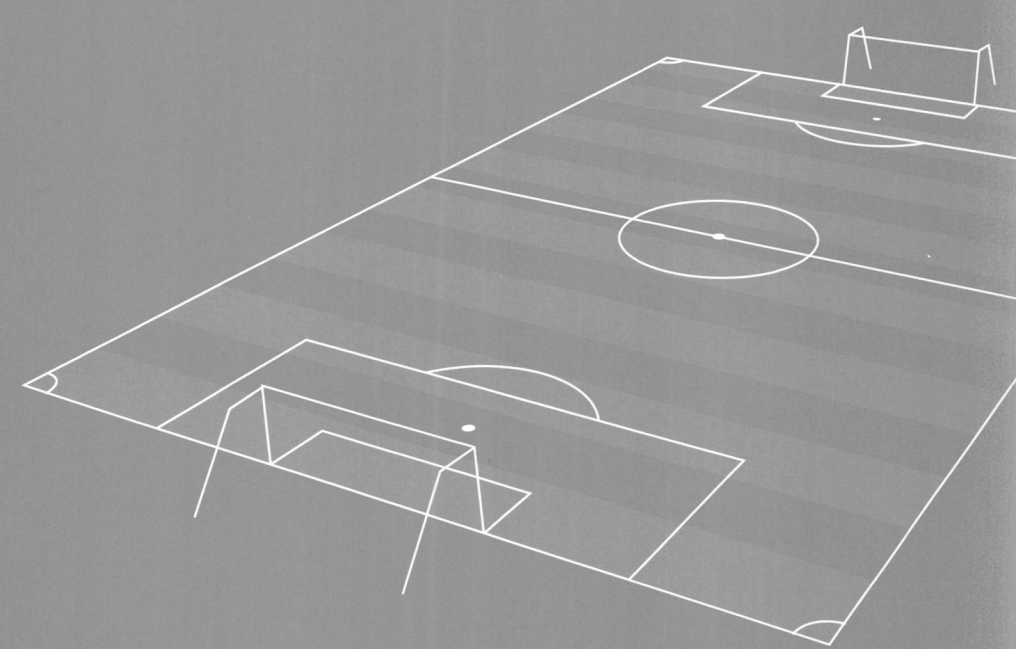

| 수비 | Charge |

Question:
16 수비를 할 때의 우선순위

그렇구나!

우리 팀은 경기 중에 수비를 소홀히 하는 경향이 있어. 팀 전체가 약속한 플레이를 다시 한 번 철저히 확인시켜야겠어.

수비에는 기본적인 이론과 노려야 할 플레이의 우선순위가 있다. 팀의 일원으로서 무엇을 먼저 해야 할지, 수비에 관한 최소한의 약속된 플레이는 꼭 익혀두자.

축구에서 공격과 수비는 표리일체다. 팀의 방침으로서 특별한 지시가 없는 한은 전원이 수비를 해야 한다. "수비를 하지 못하는 선수는 쓸모가 없다"라는 말이 있듯이, 현대 축구에서 수비력은 공격수에게도 중요한 요소다.

수비 포지셔닝의 기본은 마크하는 상대와 골문을 연결하는 선상이면서 공과 상대를 같은 시야에 둘 수 있는 장소에 서는 것이다. 그러나 경기 중에는 상대의 움직임에 대응하는 과정에서 이 철칙을 지킬 수 없는 경우가 있으니 주의해야 한다. 자신의 위치 선정이 올바른지 확인하도록 하자.

또 마크하는 선수에 대한 대응은 ① 패스를 가로챈다, ② 공을 컨트롤하는 순간을 노려 빼앗는다, ③ 돌파당하지 않도록 자신의 진영 쪽에 자리를 잡는다는 우선순위에 따른다. 최선책은 상대가 공을 건드리기 전에 차단하는 것이지만, 항상 가능하지는 않다. 패스의 속도, 상대와의 거리, 상대의 능력, 자신의 능력 같은 조건을 바탕으로 플레이의 우선순위를 정확히 이끌어내자.

3포인트 레슨

1. 축구에서 수비를 못하는 선수는 쓸모가 없다!

2. 공(을 가진 상대)과 골대를 연결하는 선상에 서자!

3. 마크하는 상대가 볼을 건드리기 전에 차단하는 것이 최선책!

그림으로 확인하는 전술적 포인트

CLOSE-UP 1 공과 상대를 동시에 본다

자신의 앞에 마크할 선수가 서 있고 그 선수가 패스를 받으려 할 때는 공과 선수를 동시에 볼 수 있는 위치에 서는 것이 원칙이다. 공에만 눈이 가면 선수를 놓치게 되고, 선수만 바라보면 공이 어디로 가는지 알 수 없게 된다.

상대와 골문을 연결한 선상이면서 공과 상대를 동시에 볼 수 있는 위치 선정이 기본.

CLOSE-UP 2 패스가 왔을 때의 우선순위

자신의 앞에 있는 선수에게 패스가 왔을 때는 ① 가로채기, ② 공을 컨트롤하는 순간을 노린다, ③ 거리를 유지한다는 우선순위에 따라 움직이자. 아무리 테크닉이 뛰어난 선수도 공을 가지고 있지 않으면 '평범한 선수'일 뿐이다. 능력이 뛰어난 선수에게 공이 넘어가기 전에 가로채기를 노리자.

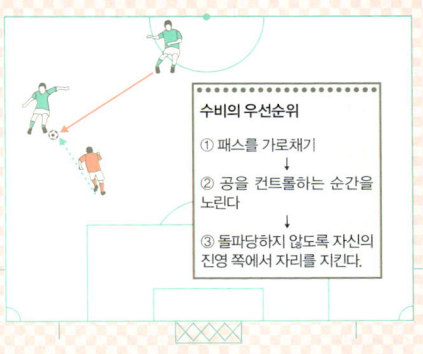

수비의 우선순위
① 패스를 가로채기
② 공을 컨트롤하는 순간을 노린다
③ 돌파당하지 않도록 자신의 진영 쪽에서 자리를 지킨다.

축구 박사가 밝히는 비밀의 전술

다 함께 수비하면 무서울 것이 없다?

드림팀으로 불리던 시절의 바르셀로나에서 수비형 미드필더를 맡았던 선수가 2011-2012시즌까지 감독이었던 과르디올라다. 사실 과르디올라는 패스의 명수이기는 했지만 수비가 그렇게 뛰어난 선수는 아니었다. 그러나 당시 감독이었던 크루이프는 그를 계속 기용했다. 크루이프 감독은 이렇게 말했다. "예를 들어 넓은 방을 혼자서 지키기는 무리이지만, 소파 하나 정도의 폭이라면 지금의 나도 지킬 수 있다". 요컨대 근처에 동료가 있으면 과르디올라의 수비 능력이 뛰어나지 않아도 문제가 없다는 생각이었다. 이 이야기는 팀의 진형이 촘촘한 편이 수비하기에 더 쉽다는 의미와도 상통한다.

수비　　Charge

Question:

17 1대1 상황에서 상대와의 거리감

그렇구나!

연구도 없이 돌파당하는 선수는 벤치만 덥히고 있어도 어쩔 수 없어. 1대1 승부에는 타이밍이 있다고!

1대1 수비에서는 공을 가진 상대와 얼마만큼 거리를 두느냐가 중요하다. 상황에 따른 적절한 거리 감각을 익히면 상대의 실수를 유발하거나 돌파를 방지할 수 있다.

1대1에서 상대와 대치할 때 적절한 거리의 기준은 2미터다. 상대와 3미터 정도 떨어져 있으면 드리블로 돌파당할 일은 없지만, 상대는 거의 압박을 느끼지 않고 자유롭게 플레이한다. 반면 2미터 정도 거리를 두면 돌파당할 위험성은 있지만 어느 정도 상대의 플레이를 제한할 수 있다.

1대1에서 돌파당하는 것 자체를 너무 두려워할 필요는 없다. 애초에 축구는 혼자서 지킬 수 없는 스포츠다. 뒤에 자신을 커버해주는 동료가 있으면 돌파당하지 않으려고 거리를 유지하며 지키기보다 돌파당해도 괜찮다는 각오로 거리를 좁히는 편이 좋을 때도 있다.

적극적으로 경합함으로써 상대의 자세가 무너지고, 동료의 커버를 받아 결과적으로 공을 빼앗을 수 있기 때문이다. 돌파당하지 않으려고 계속 뒤로 물러서면 뒤쪽에 있는 동료도 함께 물러서야 하므로 수비 라인이 계속 내려가고 만다.

돌파당해도 괜찮은 상황인지, 아니면 절대 돌파당해서는 안 되는 상황인지 판단하며 거리를 조절하자.

3포인트 레슨

1. 1대1을 할 때는 너무 멀지도 가깝지도 않은 거리에서 수비하자!

2. 무조건 돌파당하지 않는 것이 최선은 아니다!

3. 커버해주는 동료와 협력해 공을 빼앗자!

그림으로 확인하는 전술적 포인트

CLOSE-UP 1 — 2미터인가, 3미터인가?

거리가 2미터이면 돌파당할 위험성도 있지만 상대에게 압박감을 줄 수 있다. 서로의 리치와 속도에 따라서도 달라지지만, 대체로 2미터 정도가 기준이다. 다만 3미터 정도 떨어져 있으면 돌파당할 일은 거의 없다. 수적으로 불리한 상황에서 동료들이 돌아오기를 기다릴 때의 수비법이다.

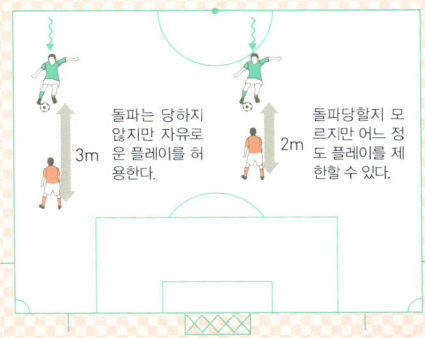

3m — 돌파는 당하지 않지만 자유로운 플레이를 허용한다.

2m — 돌파당할지 모르지만 어느 정도 플레이를 제한할 수 있다.

CLOSE-UP 2 — 챌린지&커버로 수비한다

축구 수비의 철칙은 '챌린지&커버'다. 커버해주는 선수가 있을 때는 거리를 유지하며 수비하기보다 적극적으로 공을 빼앗으러 간다. 설령 돌파당하더라도 자신을 커버해주는 동료가 공을 빼앗을 수 있다.

동료가 커버를 오기 전까지는 거리를 두고 수비하며 시간을 번다.

커버해주는 동료가 있으면 압박(공 빼앗기)에 도전! 돌파당해도 동료가 커버할 수 있다.

👉 축구 박사가 밝히는 비밀의 전술

이론이 언제나 옳지는 않다

일본 국가대표로 뛰었고 현재는 쓰쿠바 대학 축구부 감독을 맡고 있는 가자마 야히로는 초등학생 시절에 센터백이었다고 한다. 그러나 감독과 의견이 충돌해 포워드로 포지션이 바뀌었다. "패스를 받은 상대 선수가 골문 방향으로 몸을 돌리지 못하게 막아라"라고 지시하는 감독에게 자신은 상대가 몸을 돌리게 하는 편이 수비하기 좋다고 주장했던 것이다. 당시 가자마는 몸집이 작아 상대 선수가 몸을 돌리지 못하도록 버티려 해도 몸싸움에서 이길 수 없었지만 마주 본 상태에서는 공을 빼앗을 자신이 있었다고 한다. 이론상으로는 감독의 말이 맞지만, 선수에게는 저마다 특징이 있으므로 이론이 언제나 옳다고는 할 수 없을지 모른다.

수비 — Charge

Question 18 그렇구나! **공에 달려드는 타이밍**

이런 식으로 머리를 써서 수비하면 체력이 약한 나도 수비를 잘할 수 있을 것 같아.

상대 선수를 마크할 때 한 발 앞서 움직이면서 유리한 상태에서 수비할 수 있도록 패스 받는 선수에게 접근해도 되는 상황과 접근하지 않는 편이 좋은 상황을 기억해두자.

패스가 연결된 후에 접근할까, 패스하기 전에 접근할까?

패스를 하려는 선수가 어느 정도 압박을 받고 있는지 판단하면 달려들 타이밍을 잴 수 있다. 강한 압박을 받고 있다면 일찍 움직여도 등 뒤로 패스를 허용할 위험성은 줄어든다. 반대로 패스를 하려는 선수가 자유로운 상태라면 무턱대고 움직였다가는 등 뒤로 패스가 연결될 위험성이 있으므로 패스하기 전까지 움직이지 않고 참는 편이 낫다.

패스한 공이 굴러가는 시간은 수비수에게 기회다. 이때 거리를 좁히는 움직임을 보여 상대의 '경계심'을 자극하면 실수를 유발할 수도 있다.

패스가 상대에게 연결된 다음 접근을 시작하면 상대가 주위를 둘러볼 시간이 있으므로 압박이 실패할 확률이 높아진다. 또 상대를 압박하는 것은 좋지만 단번에 다가가는 것은 주의가 필요하다. 기본적으로는 2~3미터 위치까지 다가간 뒤 거리를 유지해 상대가 공을 컨트롤하더라도 단번에 돌파당하지 않도록 한다.

3포인트 레슨

1. 패스를 하려는 선수가 어느 정도 압박을 받고 있는지 판단하자!

2. 패스가 도착하기까지의 시간은 수비수에게 기회다!

3. 접근하는 것은 좋지만 무턱대고 접근해서는 안 된다!

그림으로 확인하는 전술적 포인트

CLOSE-UP 1 ✕ 등 뒤의 공간으로 패스가 연결되는 경우

공을 가진 선수에게 충분한 압박이 가해지지 않았는데 수비수가 먼저 움직이면 등 뒤로 패스가 연결될 위험성이 있다. 공을 가진 선수가 여유 있게 패스할 수 있는 상황에서는 그 자리를 지키는 편이 낫다.

공을 가진 선수가 자유로운 상태일 때 수비수가 먼저 움직이면 등 뒤로 패스를 허용하기 쉽다.

CLOSE-UP 2 ○ 압박이 충분할 때는 먼저 움직인다

공을 가진 선수를 다른 수비수가 압박하고 있을 때는 패스하기 전에 자신이 마크하는 선수와의 거리를 좁혀놓자. 패스를 받는 선수에게 압박감을 줘 실수를 유발할 수 있다.

공을 가진 선수가 압박을 받고 있을 때는 수비수가 먼저 움직여도 위험이 적다.

☞ 축구 박사가 밝히는 비밀의 전술

패스하기 전에 움직일 것인가, 말 것인가?

가로채기를 노릴 때는 공을 가진 선수가 자신(수비수)의 움직임을 눈치채고 있느냐가 중요하다. 자신을 보고 있지 않다고 판단하면 패스를 하기 전에 가로채기를 노리고 움직여도 괜찮지만, 만약 보고 있다면 움직임을 역이용당할 위험성도 있다. 공을 가지고 있는 선수의 머리가 어느 방향을 향하고 있느냐 등을 통해 어느 정도는 판단할 수 있지만, 일부러 보고 있지 않는 척 연기하는 선수도 있다. 라모스는 항상 고개를 아래로 향하고 있어 어디를 보고 있는지 읽기 어려운 선수였다. 또 엔도 야스히토나 오노 신지도 의도를 감추는 연기력이 뛰어나다. 이 부분은 공을 가진 선수와의 심리 싸움이라 할 수 있다.

수비   *Charge*

Question:

19 가로채기를 할 때의 비결

> 그렇구나!

수비를 할 때 항상 노려봄직한 플레이가 상대의 패스를 읽고 차단하는 가로채기다. 상대의 심리 상태나 패스 코스를 읽는 기술을 익혀 역습으로 연결하자!

> 가로채기를 하면 결정적인 기회가 생기지. 수비를 하면서 항상 노려야 할 플레이야.

가로채기를 할 때 가장 중요한 것은 '예측'이다. 패스가 어디로 갈지, 언제 패스할지, 차단이 가능할지 읽고 가로채기를 노린다.

가로채기는 반드시 패스를 받을 선수를 마크하는 선수만이 노리는 플레이가 아니다. 마크하는 선수가 가로채기를 노리고 달려들었다가 실패하면 상대를 완전히 방치해 결정적인 위기를 초래할 수도 있다. 실제로 가로채기를 하는 일이 많은 선수는 공격수를 직접 마크하지 않는 '두 번째 수비수'다. 패스를 하는 선수는 패스를 받을 선수와 그 선수를 마크하는 상대를 주시한다. 따라서 그 시야 밖에 있는 두 번째 수비수는 경계를 받지 않기 때문에 가로채기를 노리기가 쉽다. 중요한 점은 상대에게 눈치채이지 않도록 하는 것이다. 가로채기를 노리고 있음을 간파당하지 않고 일부러 패스를 유도한 뒤 공이 발을 떠난 순간 패스 코스로 들어가 단번에 공을 차단한다.

가로채기에 성공하면 공을 빼앗은 기세를 살려 밀고 올라갈 수 있으므로 결정적인 기회가 만들어진다. 수비하고 있을 때도 항상 가로채기를 노리자.

《 3포인트 레슨 》

1. 가로채기를 할 때 중요한 것은 '예측'이다!

2. 시야 밖에 있는 '두 번째 수비수'는 가로채기를 노리기 쉽다!

3. 가로채기를 노리고 있음을 상대가 눈치채지 못하게 하자!

그림으로 확인하는 전술적 포인트

시야 밖에 있는 수비수가 가로채기를 노린다

공을 가진 선수는 패스를 받을 선수를 주시하므로 시야 밖에 있는 선수에게 가로채기의 기회가 생긴다.

첫 번째 수비수   두 번째 수비수

공을 가지고 있는 선수의 시야는 패스를 받을 선수를 중심으로 형성되므로 그 시야 밖에 있는 선수의 움직임까지는 보지 못할 때도 있다. 시야 바깥에 숨어 있다가 공이 발을 떠난 순간에 패스 코스로 들어와 공을 차단한다. 자신이 마크하는 선수에게 이어지는 패스를 앞에서 차단하려는 시도는 후방에 커버하는 선수가 있거나 확실히 성공할 자신이 있을 때로 한정하자.

👉 축구 박사가 밝히는 비밀의 전술

포워드의 몸짓을 보고 다음 전개를 예측한다

일본 대표 출장 기록 보유자인 이하라는 예측력이 뛰어난 센터백이었다. 상대의 공격을 예측하는 방법에는 여러 가지가 있는데, 이하라의 비결은 '공격수가 보내는 신호를 읽는다'는 것이었다. 물론 직접 말로 패스를 요구한다면 의도를 명백히 알 수 있지만, 손이나 시선 등도 어디에서 공을 받고 싶어 하는지 예측하는 데 도움을 준다. 또 패스를 받으려 하는 선수뿐만 아니라 공을 가지고 있는 선수가 어디를 보고 있는지 관찰하면 다음 플레이를 예측하기가 수월해진다. 공만 바라보지 말고 상대 선수의 시선과 표정, 동작 등 다양한 정보(사인)를 포착하는 것이 중요하다.

| 수비 | Charge |

Question:
20 몸집이 큰 선수가 공을 키핑하고 있을 때의 수비법

그렇구나!

체격 차이가 나는 상대가 몸을 이용해 공을 키핑하고 있을 때 힘싸움을 하는 것은 어리석은 짓이다. 자신보다 크고 강한 선수를 억제하는 영리한 수비 방법을 익히자.

남자애들하고 경기하면 이길 수가 없었는데, 체격 차이를 메울 방법이 있구나. 포기하지 말고 도전해봐야겠어!

골문 앞에서 상대가 등을 지고 있을(몸으로 공을 키핑할) 때 어떻게 해야 할까?

이때 가장 해서는 안 될 행동이 성급하게 공을 빼앗으러 달려드는 것이다. 자신보다 상대가 몸집이 클 경우 옆으로 빙 돌아서 공을 빼앗으려 하면 체격 차이를 이용해 턴해버릴 위험성이 높기 때문이다. 공이 상대의 몸에 가려 보이지 않으므로 바짝 달라붙으면 상대 선수가 무엇을 하는지 알 수 없어 대응이 늦어진다.

상대가 등을 돌리고 있으면 무리하게 다가가지 말고 손이 닿을 정도의 거리를 유지한다. 그리고 상대가 턴을 노려 공이 보이는 순간 태클을 시도한다.

또 상대가 패스를 받은 순간 파울이 되지 않을 정도로 몸싸움을 해 '바짝 달라붙어 있다'고 생각하게 만든 다음 재빨리 떨어져 턴하는 순간을 노리는 교묘한 수비법도 있다.

3포인트 레슨

1. 성급하게 돌아 들어가면 턴을 허용하고 만다!

2. 공이 보이는 순간 태클을 노리자!

3. 정면으로 맞서지 말고 머리를 써서 이기자!

그림으로 확인하는 전술적 포인트

× 바짝 달라붙어 있으면 턴을 허용한다

포워드가 등을 지고 있을 때 바짝 달라붙으면 공이 보이지 않으므로 턴을 하는 타이밍을 파악할 수 없다. 체격이 큰 선수에게 바짝 달라붙는 수비수는 상대하기 쉬운 상대다. 공격수가 몸을 기대면 수비수는 움직일 수 없으므로 불리한 상태가 된다.

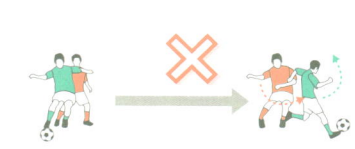

상대가 공과 자신 사이에 몸을 넣어 공이 보이지 않을 때…

무리하게 공을 보려고 하면 턴을 허용하기 쉽다.

○ 접근하지 말고 거리를 유지한다

무리하게 공을 빼앗으려 달려들지 않고 손이 닿는 거리를 유지하며 수비한다. 공격수는 몸을 돌리는 타이밍에 무방비 상태가 되므로 공을 노리고 태클을 시도하자. 재빨리 태클할 수 있도록 자세를 낮추고 있는 것도 중요하다.

손이 닿을 거리를 유지하며 무리하게 달려들지 않는다…

공이 보이면 태클 시도!

👉 축구 박사가 밝히는 비밀의 전술

몸싸움을 피하고 샌드위치 마크

2007년 아시안컵에서 일본 대표팀이 오스트레일리아와 경기할 때, 당시 오심 감독이 선수들에게 '비두카 대책'을 전수했다. 오스트레일리아의 스트라이커인 비두카는 키도 크고 중량이 무기인 포워드였다. 그는 골문을 등지고 패스를 받은 뒤 달려드는 수비수를 튕겨내며 돌파했다. 체중이 상당하기 때문에 몸싸움을 시도한 수비수가 오히려 균형을 잃었던 것이다. 오심 감독은 비두카에게 접촉하지 말고 그가 턴을 할 때까지 참으라고 지시했다. 그러는 사이에 미드필더가 돌아와 샌드위치 마크를 하는 방법이다. 비두카처럼 몸싸움이 장기인 포워드에게는 몸싸움으로 맞서지 않는 것이 상책이라고 할 수 있다.

053

| 수비 | Charge |

Question 21: 드리블을 하며 다가오는 상대를 저지하는 법

그렇구나!

상황 파악도 하지 않고 경솔하게 달려드는 선수는 꼭 이 요령을 익히고 다음 경기에 임했으면 좋겠어.

빠르지 않은 선수에게 드리블을 하며 치고 들어오는 상대만큼 난감한 존재는 없다. 어느 정도 거리를 두고 어떤 스텝을 밟으며 수비해야 할지 확실히 익히자.

상대가 드리블을 하며 달려오면 언제 거리를 좁히고, 언제 발을 뻗을지 타이밍을 파악하는 것이 중요하다. 태클을 하거나 거리를 좁히는 타이밍은 기본적으로 공이 오프 상태일 때다. '오프'란 드리블 중에 공이 발에서 떨어져 있는 상태를 뜻한다. 공이 발에서 떨어져 있는 순간에는 드리블을 하는 선수도 공을 컨트롤할 수 없다. 따라서 수비수로서는 이때가 공을 빼앗을 절호의 타이밍이다. 상대가 드리블을 하며 다가오면 거리를 좁히지 못하고 계속 뒤로 물러나는 선수도 있는데, 공이 오프 상태일 때는 용기를 내어 거리를 좁힐 필요가 있다.

항상 쉽게 돌파당해 수비가 '약하다'는 지적을 받는 선수를 관찰해보면 공이 '온'일 때, 즉 발로 공을 컨트롤하고 있을 때 달려드는 경우가 많다. 그러나 의식하지 못한 채 반복하는 그런 플레이의 타이밍을 조금만 바꿔주면 성공률이 높은 플레이로 탈바꿈한다.

3포인트 레슨

1. 언제 거리를 좁힐지, 언제 달려들지 타이밍을 파악하자!

2. 공이 오프 상태일 때가 태클의 기회!

3. 공이 온 상태일 때 발을 내밀면 돌파당할 위험성이 크다!

그림으로 확인하는 전술적 포인트

× 발로 공을 컨트롤하고 있을 때

공이 상대의 발끝에 있거나 금방 컨트롤할 수 있는 위치에 있을 때는 어지간히 자신이 있지 않은 한 달려들지 않는 편이 좋다. 상대의 드리블에 성급히 발을 내미는 선수도 있는데, 그런 선수에게는 "달려들지 마!"라고 말해주자.

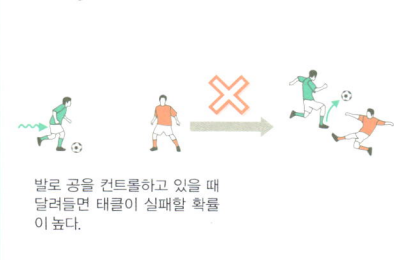

발로 공을 컨트롤하고 있을 때 달려들면 태클이 실패할 확률이 높다.

○ 공이 발에서 떨어져 있을 때

태클이 효과적인 타이밍은 공이 상대의 발에서 떨어져 있을 때다. 드리블을 할 때 공을 자주 터치하는 유형이라면 공이 발에서 떨어지는 타이밍을 파악하기 어려울지 모르지만, 그렇다고 해도 공이 항상 발에 붙어 있는 것은 아니다. 오프가 되는 순간을 찾아내자.

공이 발에서 떨어져 있을 때가 태클을 노릴 기회다.

☞ 축구 박사가 밝히는 비밀의 전술

1대2 상황을 극복한 베켄바워의 침착함

리베로의 대명사였던 베켄바워는 1대2라는 수적으로 불리한 상황을 극복하는 플레이가 일품이었다. 1974년 월드컵 결승에서 네덜란드의 두 선수(크루이프와 렙)가 역습을 하는데 독일 진영에는 베켄바워밖에 없는 상황에 빠졌다. 그러나 베켄바워는 침착하게 거리를 두며 뒤로 물러났고, 결국은 크루이프의 패스를 받은 렙이 슛을 했지만 전진한 골키퍼에게 막혔다. 성급하게 달려들지 않은 베켄바워의 승리였다. 당장은 1대2이지만 골문과 가까워지면 골키퍼가 가담해 2대2가 됨을 계산한 것이다.

| 수비 | Charge |

Question:

22 등 뒤 공간으로 패스가 연결되었을 때의 리커버

그렇구나!

자신의 등 뒤 공간으로 패스가 연결되었을 때 어떻게 움직여야 위기를 최소한으로 억제할 수 있을까? 위기 순간에 냉정하게 대응할 수 있는 방법을 알아두자.

등 뒤 공간으로 패스가 연결됐을 때는 내가 전부 커버하겠어. 여러 명이 협력하며 수비해야 하는 팀에는 약속된 플레이가 반드시 필요해.

물론 상대의 패스가 등 뒤의 공간으로 연결되지 않는 것이 가장 이상적이다. 그러나 등 뒤의 공간으로 상대가 침투해 패스를 받는다면 골문 앞에서 수적으로 불리한 상황에 놓인다. 이런 사태를 방지하려면 공과 자신이 마크하는 선수를 항상 감시하는 것이 중요하다. 공에만 집중하면 등 뒤의 공간을 침투당할 우려가 높으니 주의하자.

다만 등 뒤로 패스가 연결되지 않는 것을 최우선으로 삼으면 필연적으로 상대 선수보다 뒤로 물러서서 수비하게 된다. 최종 라인에 있는 선수 한 명이 뒤로 물러서면 주위의 선수들도 그에 맞춰 라인을 내리기 쉽다. 그러면 팀 전체의 라인이 내려가고 선수와 선수 사이의 거리도 멀어지므로 좋지 않다.

등 뒤로 패스가 연결되더라도 커버링을 해 저지하면 된다는 배짱이 때로는 필요하다. 자신이 풀백인데 등 뒤의 공간으로 패스가 연결되었을 때는 센터백이 커버하는 사이에 중앙으로 이동해 그 공백을 메운다. 이와 같은 '약속된 플레이'를 확립하면 등 뒤로 패스가 연결되어도 위기를 방지할 수 있다. 이것이 위기관리다.

《 3포인트 레슨 》

1. 공만 보지 말고 자신이 마크하는 선수도 함께 감시하자!

2. 등 뒤로 패스가 연결될까봐 너무 물러서지 말자!

3. 등 뒤로 패스가 연결되었을 때의 플레이를 미리 약속해두자!

그림으로 확인하는 전술적 포인트

 첫 번째 수비수와 두 번째 수비수의 연계 플레이

왼쪽 풀백의 등 뒤 공간으로 패스가 연결되었을 때의 커버링 예다. 왼쪽 풀백이 대응하려 하지만 공을 따라잡기 버거운 상황이다. 그럴 때는 센터백이 자기 위치를 벗어나는 형태로 공을 향해 달려간다. 센터백은 확실히 공을 빼앗을 수 있다고 판단하면 태클을 해도 좋지만, 그렇지 않을 때는 동료가 돌아올 시간을 번다. 그 사이에 왼쪽 풀백은 중앙 쪽으로 내려와 센터백의 커버링 포지션을 취한다.

축구 박사가 밝히는 비밀의 전술

바레시의 면도날 태클

바레시는 밀란의 센터백이었는데, 발이 매우 빠른 선수였다. 수시로 라인을 높이고 낮추다가 필요할 때는 전속력으로 달려 포워드조차 앞질러버릴 정도였다. 이 정도로 라인 컨트롤을 했으니 체력도 상당했으리라 생각된다. 당시 밀란의 수비수들은 슬라이딩을 할 때 공에서 가까운 쪽 발로 태클하는 일이 많았다. 이른바 아웃사이드 태클이다. 당시의 밀란은 라인이 매우 높았던 탓에 뒤에서 쫓아와 태클하는 경우가 많았기 때문에 먼 쪽 발로 태클할 시간이 없었던 것일지도 모른다.

| 수비 | Charge |

Question: 23

그렇구나!

측면으로 몰아낼까? 중앙으로 몰아넣을까?

수비수의 노림수에 고지식하게 걸려들고 싶지는 않아. 상대와 두뇌싸움을 펼치면서 드리블하는 것이 축구의 재미지!

공을 가진 선수를 어디로 몰아넣어야 수비하기 편할까? 바깥쪽으로 몰아낼 것인가, 중앙에서 막을 것인가? 경기의 상황과 상대의 특징에 따라 임기응변을 발휘하자.

'자른다'는 말은 '코스를 차단하는' 것을 의미한다. 요컨대 '중앙 쪽을 자른다'는 것은 중앙 방향으로 침투해 들어가지 못하도록 상대를 터치라인 부근에 세로 방향으로 몰아넣는 것이다. 반대로 '측면 쪽을 자른다'는 것은 세로 방향으로 전진하지 못하게 함으로써 중앙으로 몰아넣는 것이다. 따라서 수비에 있어 '자르라'는 지시는 '다른 쪽으로 몰아넣어라'는 지시와도 같다.

보통은 '중앙 쪽을 잘라서' 바깥쪽으로 몰아내는 것이 기본이다. 중앙 지역이 공격의 선택지가 더 다양하기 때문이다. 최대한 골문으로부터 멀어지도록 측면의 좁은 공간으로 몰아내는 것이 수비의 기본 이론이다. 다만 '측면 쪽을 잘라서' 안쪽으로 몰아넣는 경우도 있다. 가령 측면을 세로로 돌파한 다음 크로스를 올리는 데 일가견이 있는 선수를 상대할 때는 속도를 내지 못하도록 중앙으로 몰아넣고 커버링 상태를 만들어 수비하는 것이 좋을 때가 있다.

한편 어느 쪽으로 몰아넣을지 의사 표시를 하지 않고 어중간한 포지션을 잡는 것은 좋지 않다. 이러면 뒤쪽에서 커버링하는 선수는 혼란에 빠질 수 있다.

3포인트 레슨

1. 중앙 쪽을 잘라서 측면 쪽으로 몰아내는 것이 기본!

2. 측면을 빠르게 돌파하는 선수는 중앙으로 몰아넣어 속도를 봉쇄하자!

3. 어중간한 태도는 커버링하는 동료를 혼란에 빠뜨린다!

그림으로 확인하는 전술적 포인트

 중앙 쪽을 자르고 바깥쪽으로 몰아낸다

기본적으로는 공을 가지고 있는 선수가 안쪽으로 들어오는 편이 슛으로 직결될 위험이 크므로 바깥으로 몰아내 중앙으로 패스나 드리블을 하지 못하게 한다. 두 번째 수비수는 첫 번째 수비수의 대각선 뒤쪽에 위치를 잡아 세로 방향으로 돌파당할 경우를 대비한다.

수비의 기본은 공이나 공격 측 선수를 자기 진영의 골문에서 멀어지게 하면서 터치라인 쪽으로 몰아넣는 것.

측면 쪽을 잘라서 중앙으로 몰아넣는다

빠른 선수의 측면 돌파에 이은 크로스를 경계할 때나 중앙에 상대 팀 선수가 아무도 없을 때는 세로 방향의 코스를 차단해 중앙으로 유도한다. 두 번째 수비수는 대각선 뒤쪽에 포지션을 잡고 첫 번째 수비수와 연계해 가로 패스나 세로 패스의 차단을 노린다.

상대의 특징이나 상황에 따라서는 자기 진영의 골문에서 멀어지게 하면서 중앙으로 몰아넣을 때도 있다.

축구 박사가 밝히는 비밀의 전술

만약 메시나 베일과 1대1 상황이라면?

메시나 베일과 1대1 상황이 되면 대부분의 수비수는 돌파당하고 말 것이다. 특별한 드리블러를 상대로는 2대1로 수비하지 않으면 막기 어렵다. 그러나 1대1로 대처해야 하는 상황이라면 어떻게 해야 할까? 일반론이지만, 상대가 테크닉을 구사하는 유형이라면 간격을 좁혀 몸싸움을 벌이고, 속도로 승부하는 유형이라면 돌파당하지 않도록 간격을 벌린다. 메시의 경우에는 세로 방향으로 돌파당할 위험성이 있더라도 간격을 좁히고, 베일의 경우에는 달리기에서 지지 않도록 간격을 벌리고 대치한다. 물론 이 두 선수는 무엇을 해도 저지하기 어려운 상대이지만….

수비 — Charge

Question: 24
그렇구나!
압박을 가하러 갈지 말아야 할지의 판단 기준

주위에서는 내가 무작정 달려드는 것처럼 생각하는 모양이지만, 공을 향해 달려드는 타이밍은 철저히 재고 있다고.

혼자서 무작정 달려들어서는 압박의 효과가 낮다. 압박을 가하러 가야 할 때와 가지 말아야 할 때의 조건을 철저히 정리해놓으면 공을 빼앗을 확률이 크게 높아질 것이다.

아이들이 축구를 하면 전원이 공을 향해 우르르 몰려드는 장면을 종종 볼 수 있다. 그러나 성장하는 과정에서 그것이 체력 낭비이며 비효율적임을 점점 이해하게 된다. 기본적으로 축구는 뒤쪽으로 갈수록 수적 우위를 확보하며 안전하게 패스를 돌릴 수 있는 시스템이다. 멋대로 혼자서 압박을 가하러 달려가면 돌파당하거나 금방 지칠 뿐이다.

압박을 가하러 가는 조건은 크게 세 가지다. ① 공을 가진 선수가 멈춰 있을 때, ② 자신이 앞을 향한 상태에서 수비할 수 있을 때, ③ 동료의 커버링이 있을 때. 이 세 가지 조건이 갖춰져 있을 때가 압박의 '신호'다. 압박을 가할 때는 자신의 포지션을 비워야 하므로 무작정 앞으로 갔다가 등 뒤의 공간을 돌파당하면 압박을 하는 의미가 없다.

그러므로 앞으로 가는 것이 옳은 판단인지, 승산이 있는지 등을 머릿속에서 재빨리 판단할 수 있어야 한다. 체력에는 한계가 있으므로 불필요한 플레이에 체력을 낭비하지 않는 것이 중요하다.

3포인트 레슨

1. 무작정 압박을 거는 것은 체력 낭비!

2. 세 가지 조건이 모두 갖춰졌을 때 압박을 가하자!

3. 승산이 있는지 머릿속으로 재빨리 판단하자!

그림으로 확인하는 전술적 포인트

압박을 가하기 쉬운 상황

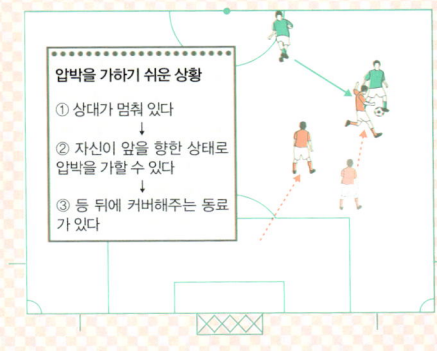

압박을 가하기 쉬운 상황
① 상대가 멈춰 있다
② 자신이 앞을 향한 상태로 압박을 가할 수 있다
③ 등 뒤에 커버해주는 동료가 있다

패스를 받은 상대가 멈춰 서서 공을 발밑에 두고 있을 때가 기회다. 이때 공을 가진 선수에 대해 앞을 향한 상태라면 공을 빼앗기가 수월하다. 또 돌파당하거나 가로로 패스가 연결되었을 때 금방 커버할 수 있는 포지션에 동료가 있어야 한다.

압박을 가하기 어려운 상황

압박을 가하기 어려운 상황
① 상대가 움직이고 있다
② 자신의 진영으로 돌아오면서 수비하고 있다
③ 동료의 커버가 없거나 멀다

패스를 받기 전에 상대가 움직이고 있으면 '표적'을 잡기 어려우므로 압박을 가하기 힘들어진다. 자신의 진영으로 돌아오면서 수비할 때도 압박은 적합하지 않다. 그럴 때는 일단 공보다 낮은 위치까지 철수하자. 또 동료의 커버가 충분하지 않은 상태에서 단독으로 플레이하면 오히려 위기를 초래할 수 있어 위험하다.

🏆 축구 박사가 밝히는 비밀의 전술

싸움닭 가투소의 진가와 진화

가투소는 '싸움닭'이라는 별명처럼 파이팅의 화신 같은 선수다. 몸 전체로 부딪치는 듯한 태클은 박력이 넘친다. 가투소가 대단한 점은 언제나 공을 차지하기 위해 최선을 다한다는 점일 것이다. 그다지 공력력이 대단한 미드필더는 아니지만, 이만큼 수비에서 공헌한다면 귀중한 전력이다. 이탈리아 대표팀에서는 기교파인 피를로와 미드필드 콤비를 이루었다. 대조적인 스타일의 두 선수는 서로를 보완하는 관계였는데,

피를로가 가투소의 격렬함을 몸에 익히는 한편 가투소의 테크닉도 발전했다. 두 사람 모두 가장 가까운 선수의 장점을 배운 것이다.

수비 / Charge

Question 25: 슬라이딩으로 저지하는 상황

> 그렇구나!
> 슬라이딩에는 자신 있어. 팀의 위기는 전부 내가 구하고 있지. 하지만 슬라이딩의 리스크도 이해하고 있어.

슬라이딩은 기본적으로 필요한 상황이 제한되어 있는 반면, 매우 효과적인 기술이기도 하다. 여기에서는 경기 중에 빈도가 높은 두 가지 수비 패턴을 소개한다.

슬라이딩은 기본적으로 가능하면 안 하는 편이 바람직한 플레이다. 슬라이딩을 하면 피치에 누운 상태가 되므로 일어나는 데 어느 정도 시간이 걸린다. 슬라이딩으로 저지하려고 했는데 상대가 피해버리면 더는 상대를 막을 방법이 없다. 정말 중요한 상황일 때만 사용해야 하는 플레이가 슬라이딩인 것이다. 수비를 할 때 슬라이딩이 필요한 상황은 주로 두 가지 패턴이다. 첫째는 빈 공간에 떨어진 공을 경합할 때이고, 둘째는 상대의 슛 코스를 가로막을 때다.

공을 경합할 때 슬라이딩을 하면 리치가 길어지는 만큼 상대보다 빠르게 공을 건드릴 수 있다. 능숙한 선수는 슬라이딩을 하면서 공을 자신의 것으로 만들 수도 있다. 또 슛 코스를 가로막을 때는 상대의 발밑을 노리는 것이 아니라 슛의 코스를 가로막자. 슛을 쏘지 못하면 골키퍼가 슛 코스를 좁히기도 수월해진다.

3포인트 레슨

1. 슬라이딩은 기본적으로는 '하지 않는 편이 바람직한' 플레이!

2. 경합 상황에서 공을 먼저 건드리자!

3. 골키퍼와 역할을 분담해 코스를 차단하자!

그림으로 확인하는 전술적 포인트

CLOSE-UP 1 주인이 없는 공을 먼저 건드린다

드리블을 할 때 공이 발에서 멀리 떨어지거나 빈 공간에 공이 떨어졌을 경우 등 열린 공간에서 상대와 경합할 때는 공을 슬라이딩으로 처리해 위기를 넘길 수 있다. 다만 실패하면 상대가 완전히 자유로워지므로 안이한 슬라이딩은 삼가자.

슬라이딩을 하는 편이 먼저 공을 건드릴 수 있는 경우.

CLOSE-UP 2 슛을 저지할 때는 발밑보다 슛 코스를 노린다

상대가 슛 자세에 들어간 순간에는 저지할 수단이 슬라이딩밖에 없을 때가 있다. 페널티 에어리어 안에서는 상대의 발밑을 직접 노리고 슬라이딩하면 파울이 선언되어 패널티킥을 허용할 우려도 있으므로 슛 코스로 슬라이딩한다는 의식을 높이자.

슛을 저지할 때는 상대의 발밑이 아니라 슛 코스를 향해 뛰어든다.

🕵️ 축구 박사가 밝히는 비밀의 전술

공포의 '헤드 태클'

슬라이딩 태클은 발로 하는 것이라고 생각하겠지만, 아주 드물게 머리로 태클하는 사람이 있다. 최근에는 월드컵 때 잉글랜드의 존 테리가 슛 코스를 머리로 차단하는 장면이 기억난다. 또 루니도 프리미어리그에서 상대의 패스 코스를 향해 머리부터 다이빙한 적이 있다. 물론 너무 위험하므로 권장하는 플레이는 아니지만, 순간적으로 머리를 내미는 집념만큼은 대단하다고 생각한다. 눈앞으로 슛이 날아오면 보통은 고개를 돌리기 마련인데, 테리는 반사적으로 머리를 들이밀었다. 위험하므로 일반적으로 권장할 만한 것은 아니다.

수비 — *Charge*

Question 26: 크로스에 의해 실점하지 않는 비결

그렇구나!

측면에서 올라오는 공과 마크하는 상대를 동시에 신경 쓰기는 상상보다 훨씬 어렵다. 수비수의 큰 적인 크로스를 수비하기 위한 '이론에서 벗어난 이론'을 소개한다.

> 경계를 해도 골을 허용하는 것이 크로스의 무서움이지. 골문 앞의 수비는 개개인의 판단이 중요해.

크로스볼은 수비수가 처리하기 어려운 공이다. 측면에서 공을 가진 선수와 페널티 에어리어 안에서 자신이 마크해야 할 선수를 항상 같은 시야에 두면서 수비하기는 거의 불가능하다. 움직이다 보면 공만 쳐다보거나 선수만 바라보는 순간이 반드시 생기는데, 그 결과 마크할 선수를 놓치거나 대응이 늦어져 실점의 원인이 된다.

크로스를 걷어내려면 때로는 '골문과 상대를 연결하는 선상에 선다' '공과 상대를 동일한 시야에 둔다'라는 마킹의 원칙을 깰 필요도 있다. 요컨대 '사람'이 아니라 '공간'을 우선적으로 지킨다. 크로스가 올라왔을 때 가장 위험한 곳은 니어 사이드 근처다. 그곳으로 빠른 크로스가 날아와서 상대가 그 공을 건드리면 실점으로 이어질 확률이 상당히 높다. '가장 중요한 지역'에 상대가 진입하지 못하도록 골문과 상대 선수를 연결한 선보다 니어 사이드 쪽을 우선적으로 수비한다.

이렇게 하면 니어 사이드로 빠른 크로스가 날아와도 위치의 이점을 활용해 걷어낼 수 있다.

3포인트 레슨

1. 너무 이론에 얽매이면 오히려 실점할 위험성이 있다!
2. '사람'이 아니라 '공간'을 지킨다는 이미지로 수비하자!
3. 가장 중요한 지역인 니어 사이드를 사수하자!

그림으로 확인하는 전술적 포인트

✕ 원칙대로 수비하면 상대 선수가 앞으로 들어온다

마킹의 원칙은 자신이 마크하는 상대와 골문을 연결하는 선상에 서는 것이다. 그리고 공과 상대를 동시에 바라보면서 수비한다. 그러나 이렇게 위치를 선정하면 니어 사이드로 빠른 크로스가 올라왔을 때 상대가 앞으로 들어와 슛을 할 위험성이 있다.

옆 방향에서 크로스가 올라올 경우.
① 골문과 상대를 연결하는 선상에 선다
② 공과 상대를 같은 시야에 둔다
라는 원칙대로 수비하면 상대 선수가 니어 사이드로 뛰어들었을 때 막기 어렵다.

○ 원칙을 벗어나면 상대 선수가 앞으로 들어오지 못한다

가장 위험한 지역인 니어 사이드는 골문과 마크해야 할 선수를 연결한 선상에서 벗어난 위치에 자리를 잡음으로써 대처할 수 있다. 다만 마크하는 선수가 등 뒤로 돌아 들어가 시야에서 놓치는 일이 없도록 주의하자.

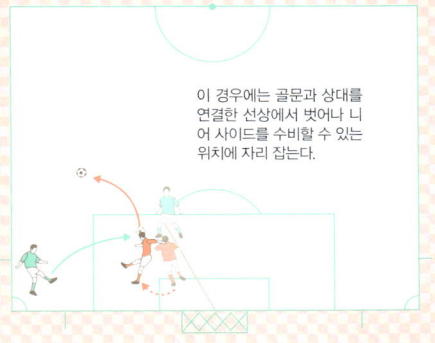

이 경우에는 골문과 상대를 연결한 선상에서 벗어나 니어 사이드를 수비할 수 있는 위치에 자리 잡는다.

👉 축구 박사가 밝히는 비밀의 전술

센터백은 '클래스'로 수비한다

흔히 센터백은 '클래스'가 말을 하는 포지션이라 하는데, 이를 실감케 한 선수가 2006년 월드컵의 아얄라(아르헨티나)였다. 그는 키도 크지 않고 체격도 보통이었다. 키가 큰 선수들을 상대하는 어떤 비결이 있나 싶어 주의 깊게 관찰했지만 특별한 점은 없었다. 그럼에도 자신보다 키가 큰 포워드를 상대로 공을 경합하며 이기기도 하고 지기도 했다. 그러나 결과적으로는 상대 팀 포워드를 저지했다. 상대의 장단에 맞춰 아등바등하지 않은 것이 이유인지도 모른다. 자신의 말로는 역시 수비수였던 아버지로부터 '수비수의 피'를 이어받았다고 한다. 그것이 바로 클래스와 관록이었는지 모른다.

STAGE 02 개인전술

수비 — *Charge*

Question:

27 세컨드볼을 차지하는 비결

그렇구나!

우리 유소년 팀이 이기지 못하는 이유를 알 것 같아. 공이 구른 다음에 움직이면 늦는구나.

세컨드볼(흘러나온 공)을 차지하면 공격 기회도 늘어나고 상대의 공격을 미연에 방지할 수도 있다. 경기의 흐름을 좌우하는 세컨드볼을 차지하는 비결이 있을까?

빈 공간으로 흘러나온 공을 상대보다 먼저 차지할 수 있으면 경기를 유리하게 전개할 수 있다. 공이 빈 공간으로 흘러나온 시점에서 공격 기회를 잡을 확률은 반반이다. 자신들이 수비할 때 세컨드볼을 차지하면 공격으로 전환할 수 있다. 세컨드볼을 차지할 때 중요한 요소는 '예측'과 '포지셔닝'이다. '아마 우리 팀이 차지하겠지', '여기로 흘러나오지는 않겠지'라는 선입견에 따른 단정은 움직임을 제한하며 공에 대한 반응을 늦춘다. '우리 팀이 차지하지 못할지도 몰라', '이리로 흘러나올지도 몰라'라는 다각적인 마음의 준비가 예측의 기본이다.

기본적으로는 공을 경합하는 동료의 뒤쪽 대각선 위치에서 커버링한다. 경합 과정에서 자신의 등 뒤 공간으로 공이 흘러나왔을 때는 몸을 돌려야 하는 자신보다 처음부터 앞을 향하고 있는 상대가 더 유리하다. 앞을 향한 상태에서 공을 차지할 수 있는 위치를 잡으면 세컨드볼을 확보할 확률이 높아진다.

3포인트 레슨

1. 세컨드볼을 차지하면 경기를 유리하게 전개할 수 있다!

2. 앞을 향한 상태에서 세컨드볼을 차지할 수 있는 위치를 잡자!

3. 최악의 상황을 항상 염두에 두자!

그림으로 확인하는 전술적 포인트

 × 커버링 포지션이 얕다

상대와 동료가 롱볼을 경합하고 있는 지점과 나란히 서 있어 커버링이 되어 있지 않으면 공이 뒤쪽으로 흘러나왔을 때 몸을 돌려 쫓아가는 형태가 된다. 그러면 동시에 출발해도 처음부터 앞을 향하고 있는 선수가 유리하므로 큰 위기를 초래한다.

커버링 포지션이 얕으면(앞쪽에 있으면) 공이 배후로 흘러나왔을 때 큰 위기가 온다.

CLOSE-UP 2 ○ 커버링 포지션이 깊다

같은 상황에서 대각선 뒤쪽 깊은 위치에 커버링 포지션을 잡고 있으면 뒤쪽으로 공이 흘러나와도 처음부터 앞을 향한 상태에서 대처할 수 있다. 세컨드볼을 차지하면 차분하게 패스를 연결하자.

롱볼을 경합하는 동료의 대각선 뒤쪽에 포지션을 잡으면 세컨드볼을 차지하기 쉽다.

☞ 축구 박사가 밝히는 비밀의 전술

세컨드볼에 발군의 위력을 발휘하는 마켈렐레의 기동력

프랑스 대표팀과 레알 마드리드에서 활약한 마켈렐레는 1대1 수비도 뛰어나지만 세컨드볼을 잘 차지하는 미드필더다. 그는 예측 능력도 뛰어나지만 움직임이 기민한 선수다. 몸무게가 가벼운 선수가 첫발을 빠르게 내딛을 수 있으며 방향 전환도 원활한 경향이 있다. 반드시 그렇다고 단정할 수는 없지만, 행동이 기민한 유형의 선수가 세컨드볼에 빠르게 반응하며 공을 차지할 확률도 높지 않을까? 다만 가장 중요한 점은 역시 위치 선정일 것이다. 올바른 위치를 선정하면 신체 능력이 뛰어나지 않아도 세컨드볼을 차지할 수 있다.

수비 — Charge

Question: 28 볼 클리어의 우선순위

그렇구나!

상대의 공세에 대해 공을 클리어할 때는 골문에서 공을 멀리 떨어뜨리는 것이 최우선이다. 그렇다면 어디를 노리고 차야 할까? 우선순위를 기억하고 경기에 임하자.

지금까지는 멀리 차려는 생각밖에 안 했어. 당장의 위기를 모면할 생각만 하지 말고 다른 선택지에도 도전해봐야지!

상대가 골문 앞으로 공을 보냈을 때 위기를 벗어나기 위해 차내는 플레이가 클리어다. 클리어의 가장 큰 목적은 공을 자신들의 골문에서 멀리 떨어뜨리는 것이다. 그래서 클리어라는 말에는 공을 세게 찬다는 이미지가 있다. 그러나 멀리 찬다고 해서 반드시 안전하다고는 할 수 없다. 먼 쪽에 있는 동료를 향해 찬 공은 상대 팀의 차지가 되기 쉽다. 2차 공격을 확실히 회피하려면 터치라인 밖으로 차내는 편이 나을 때도 있다. 물론 마크가 없고 확실히 패스를 연결할 선수가 있으면 그쪽으로 차는 편이 리스크 없이 위기를 모면할 수 있다.

클리어할 때의 우선순위는 ① 연습으로 이어지는 패스, ② 확실히 성공할 수 있는 패스, ③ 최대한 멀리 밖으로 찬다, ④ 높게 차올린다의 순서다. 클리어할 때는 무작정 차지 말고 되도록 동료 앞쪽의 공간을 향해 차자. 상대가 오랫동안 공을 차지하고 파상 공세를 펼치는 상황에서는 최종 라인에 선수가 부족할 때도 많으므로 기회가 될 수 있다. 한 번의 클리어를 기점으로 기사회생의 역습을 통해 골을 성공하는 장면도 꿈은 아니다.

3포인트 레슨

1. 클리어의 목적은 골문에서 공을 멀리 떨어뜨리는 것!

2. '멀리 차는 것 = 안전'이라고는 단언할 수 없다!

3. 한 번의 클리어가 기적을 일으킬 수도 있다!

그림으로 확인하는 전술적 포인트

 클리어의 우선순위

최고의 클리어는 전방에 있는 선수에게 연결되어 역습으로 이어지는 롱볼이다. 이것이 무리일 때는 마크가 없고 확실히 패스가 성공할 수 있는 선수를 찾아 패스한다. 성공 가능성이 낮거나 패스에 자신이 없으면 되도록 먼 곳, 가능하면 터치라인 밖으로 차내자. 그것도 여의치 않다면 일단 공중으로 높이 차올린다. 가장 피해야 할 플레이는 자기 진영의 골문 근처에서 패스를 주고받는 것이다. 상대와 거리가 가깝기 때문에 작은 실수가 실점으로 직결된다.

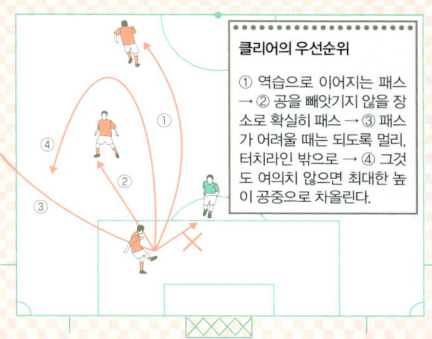

클리어의 우선순위

① 역습으로 이어지는 패스 → ② 공을 빼앗기지 않을 장소로 확실히 패스 → ③ 패스가 어려울 때는 되도록 멀리, 터치라인 밖으로 → ④ 그것도 여의치 않으면 최대한 높이 공중으로 차올린다.

☞ 축구 박사가 밝히는 비밀의 전술

클리어할 때는 태평양까지 날려라!

오래전 이야기이지만, 1960년대에 일본 대표팀 코치였던 크라머는 "클리어할 때는 요코하마까지 날려라"라고 말했다고 한다. 아마도 훈련한 곳이 도쿄라 요코하마까지는 상당히 멀리 떨어져 있으니 그만큼 멀리 차내라는 의미이리라. 그러나 현대 축구에서는 예전만큼 멀리 클리어하지 않게 되었다. 패스를 연결하는 기술이 발전했기 때문이다. 다만 그래도 클리어해야 하는 상황은 있다. 일류 프로팀도 클리어 미스를 계기로 실점하는 일이 의외로 많다. 클리어는 위기를 회피하기 위한 플레이이므로 클리어할 때는 확실히, 말 그대로 옆 동네까지 날려버린다는 생각으로 차자.

수비 / Charge

Question 29: 발이 빠른 선수를 수비하는 법

> 그렇구나!

> 상대의 빈틈을 찌르거나 스피드로 뿌리치고 골을 넣는 쾌감은 각별하지. 날 막을 방법이 있으면 막아보라고!

축구에서 스피드는 단순하면서도 가장 큰 무기다. 당연히 빠른 선수는 수비 측에도 골치 아픈 존재다. 발이 빠른 상대를 어떻게 저지해야 할까?

발이 빠른 선수를 어떻게 막을 것인가? 이것은 승리로 이어지는 중요한 요소다. 만약 마크를 담당하는 선수가 상대보다 발이 느려 불리할 것으로 예측된다면 팀 차원에서 무슨 수를 써야 한다.

발이 빠른 선수를 저지하는 방법은 주로 두 가지다. 첫째는 전체적인 수비 라인을 내리는 것이다. 발이 빠른 선수는 자신이 달리기 위해 수비 라인의 배후가 넓게 비어 있기를 바라므로 그 공간을 없애는 것이다. '빈 공간으로 떨어진 공을 쫓아 달린다'라는 선택지를 빼앗기만 해도 빠른 발을 살리고 싶어 하는 선수는 상당한 스트레스를 받는다.

둘째는 1대2 상황을 만드는 것이다. 가령 왼쪽 측면에서 상대가 공을 가지고 있을 때 1대1 상황이면 마크하는 선수는 절대 달려들지 않기로 정해놓는다. 거리를 유지하면서 상대의 돌파 타이밍을 늦추고, 커버링이 왔을 때 거리를 좁힌다. 이렇게 하면 첫 번째 수비수를 제치기 위해 세로 방향으로 찬 공을 두 번째 수비수가 차단할 수 있다.

3포인트 레슨

1. 발이 빠른 선수를 저지하면 승리로 이어진다!

2. 수비 라인을 내려서 배후 공간을 없애자!

3. 상대의 돌파 타이밍을 늦춰서 1대2로 만들자!

그림으로 확인하는 전술적 포인트

× 1대1로 승부하면 돌파당한다

발이 빠른 선수에게 1대1 상황에서 달려드는 것은 좋은 선택이 아니다. 예를 들어 등 뒤의 공간으로 공을 찼다고 가정하자. 수비수는 몸을 돌려서 쫓아가야 하지만 상대는 앞을 향하고 있는 상태이므로 빠른 선수가 더 유리하다.

발이 빠른 선수에게 달려들면 상대는 등 뒤 공간으로 공을 차버린다.

○ 1대2가 될 때까지 달려들지 않고 기다린다

이 상황에서 정답은 돌파당하지 않을 만큼 거리를 유지하면서 뒤로 물러나다 자신의 대각선 뒤쪽으로 동료가 커버를 왔을 때 달려드는 것이다. 커버링이 있으면 드리블로 돌파당하더라도 동료가 공을 빼앗을 수 있다.

발이 빠른 선수를 상대할 때는 거리를 유지하다 커버가 들어온 다음에 달려든다.

☞ 축구 박사가 밝히는 비밀의 전술

두 명이 협력해 로벤을 봉쇄하다

2009−2010시즌 챔피언스리그 결승에서는 인테르와 바이에른 뮌헨이 맞붙었다. 인테르의 가장 큰 과제는 바이에른 뮌헨의 로벤을 봉쇄하는 것이었는데, 교묘한 수비 연계로 오른쪽 윙어인 로벤을 상대했다. 오른쪽 윙어이지만 왼발잡이인 로벤의 특기는 왼발 아웃사이드로 방향을 바꾸며 컷인하는 드리블이다. 그래서 인테르는 그를 마크하는 왼쪽 풀백과 수비형 미드필더가 협력해 로벤의 드리블 코스를 막았다. 혼자서는 막기 어렵지만 두 명이 연계해 로벤의 특기를 봉쇄한 것이다.

STAGE_02 개인전술

| 수비 | Charge |

Question:

30 테크닉이 좋은 선수를 수비하는 법

그렇구나!

축구는 테크닉이 좋은 쪽이 이기는 스포츠야. 나를 막을 작전이 있다면 승부해보는 것도 재미있겠군.

공을 가지고 있으면 무엇을 할지 알 수 없는 테크니션을 상대할 때는 '수비하기 위해 수비한다'가 아니라 '수비하기 위해 공격한다'라는 역발상이 중요하다.

상대 팀에 테크닉이 뛰어난 선수가 있다고 가정하자. 그러면 수비 측은 그 선수를 어떻게 막을 것인가부터 생각할 것이다. 그러나 수비할 생각부터 하면 팀 전체가 소극적이 되기 때문에 공격의 측면에서 마이너스가 된다. 뛰어난 선수를 막기 위해서는 '역발상'도 중요하다.

가령 상대 팀의 에이스가 왼쪽 측면 미드필더라면 그 선수가 마크하는 포지션에 공격적인 선수를 배치한다. 그리고 경기가 시작되면 공세를 펼치며 적극적으로 측면 뒤쪽 공간을 파고든다. 그러면 어떻게 될까? 상대 팀 에이스는 수비를 하느라 바빠 공격할 겨를이 없을 것이다.

일반적으로 공격력이 뛰어난 선수는 수비를 못하는 경우도 많다. 따라서 그 선수가 있는 측면은 사실 공격을 노려야 할 곳이기도 하다. 잘만 하면 상대 팀의 에이스를 봉쇄하는 동시에 공격의 측면에서도 유리하게 경기를 진행할 수 있다. 수비하기 위해 수비하는 것이 아니라 수비하기 위해 공격하는 것이다. 발상의 전환을 통해 실력 차이를 뒤엎을 수도 있다는 말이다.

3포인트 레슨

1. '어떻게 수비할 것인가?'를 생각하면 소극적이 된다!

2. 테크닉이 뛰어난 선수의 배후를 적극적으로 노리자!

3. 수비하기 위해 수비하지 말고 수비하기 위해 공격하자!

그림으로 확인하는 전술적 포인트

테크닉이 뛰어난 선수가 있는 측면을 공략한다

테크닉이 뛰어난 선수를 마크하다 보면 공격을 주저하는 경향이 있다. 상대를 계속 그림자 마크 하는 것도 하나의 방법이지만, 적극적으로 공격 하는 방법도 있다. 공을 가졌을 때 마크하던 상대의 등 뒤 공간을 노려 공격하면 상대는 수비를 해야 한다. 그러면 수비하는 시간을 길게 해 공격을 봉쇄할 수 있다.

공을 가졌을 때 마크하는 상대의 등 뒤에 공간이 있다.

자신이 마크하는 상대의 등 뒤를 노려 상대가 수비하게 한다.

📖 축구 박사가 밝히는 비밀의 전술

다니엘 알베스는 수비하는 윙어?

오심 감독은 일본 대표팀을 이끌던 시절에 "호나우지뉴를 마크하는 것이 아니라 호나우지뉴가 마크를 하도록 만들면 된다"라고 말했다. 호나우지뉴를 마크해 억제하기는 어렵지만 호나우지뉴에게 수비를 강요해 공격하지 못하게 하면 결과적으로 공격력을 억제할 수 있다는 의미이리라. 이를 실천한 선수가 바르셀로나의 오른쪽 풀백인 다니엘 알베스다. 그는 풀백이라기보다는 수비하는 윙어로, 수비하는 시간보다 공격하는 시간이 훨씬 긴 선수다. 이 때문에 상대 팀의 포워드는 다니엘 알베스를 마크하느라 공격할 여유가 없어진다.

칼럼 : 02

고금의 축구 전술 이야기 -다섯 시스템의 시대-

1950~1960년대
: 헝가리의 MM과 브라질의 4-2-4

WM 시스템에서는 상대 팀의 포워드 세 명을 대인 마크했는데, 1950년대에 최강 팀으로 군림한 헝가리 대표팀은 이를 역이용했다. 헝가리는 센터 포워드인 히데그쿠티가 중원으로 내려와 상대 팀의 센터백을 유인하고, 그를 대신해 인사이드 포워드인 푸스카스와 코치슈가 전방으로 뛰어드는 전법을 사용했다. 이렇게 자리를 교체한 뒤의 공격진은 'W'가 아니라 'M' 자를 그렸기 때문에 헝가리의 MM 시스템이라고 불렀다.

또 헝가리인 코치가 브라질로 건너감에 따라 브라질에도 침투한 MM은 1958년 월드컵에서 4-2-4라는 형태로 결실을 맺었다. 브라질은 펠레와 가린샤를 앞세워 우승했지만, 전술적으로 중요한 역할을 한 선수는 왼쪽 윙어인 자갈로였다. 전방과 중원을 넘나들며 폭넓게 활동한 자갈로는 윙하프 또는 윙백의 원형으로 불린다.

그 후 브라질은 4-3-3으로 이행했지만 자갈로의 역할은 히벨리노에게 계승되었으며 실질적으로는 4-2-4와 큰 차이가 없었다. 또 1970년 월드컵의 4-3-3은 현재의 4-2-3-1과도 흡사했다. 그리고 여담이지만, 4-2-4부터 시스템을 숫자로 표현하기 시작했다.

STAGE_03
스테이지

Tactics :
그룹 전술

공격

[*Strategy*]

공격 　 Strategy

Question: 31 침투 패스를 하는 이유

> 그렇구나!
> 상대가 수비하는 공간으로 침투해 진형을 무너뜨리는 방법도 있구나.
> 마치 장기에서 사용하는 전법 같아.

'침투 패스'는 적진으로 들어간 전방의 선수에게 세로(혹은 대각선) 패스를 보내 그 리턴 패스를 주위의 선수가 앞을 향한 상태에서 받을 수 있도록 하는 것이다. 이 패스를 할 수 있느냐 없느냐가 유소년과 성인의 차이다.

　전방의 선수가 상대 팀 수비수를 등지고 공을 받아 공격의 실마리가 되는 플레이를 포스트 플레이라고 하며, 이때 후방에서 들어오는 세로 패스를 '침투 패스'라고 부른다. 유소년 축구에서는 침투 패스가 없다. 마크를 당하고 있는 동료에게 패스를 한다는 발상을 하지 못하기 때문이다. 축구 수준이 향상됨에 따라 자유로운 선수에게 보내는 패스나 드리블만으로는 상대 진영으로 깊이 들어가지 못한다. 그러나 침투 패스를 익히면 공격을 전개하면서 수비망을 비집고 들어가는 어른의 축구를 할 수 있다.

　전방으로 침투 패스를 하면 상대는 공을 본다. 그 사이에 패스를 받은 선수의 앞쪽에 있는 동료는 자유롭게 움직일 수 있다. 세로 패스 한 번으로 마치 자물쇠가 열리듯이 마크가 풀리는 것이다.

　바르셀로나는 이 침투 패스를 짧은 거리에서 수없이 반복하기 때문에 상대 팀이 제대로 마크를 하지 못한다.

3포인트 레슨

1. 전방의 동료에게 보내는 세로 방향의 패스, 이것이 '침투 패스'다!

2. 침투 패스를 하면 마크를 쉽게 풀 수 있다.

3. 침투 패스가 없으면 공격을 효과적으로 전개하기 어렵다.

그림으로 확인하는 전술적 포인트

 침투 패스로 마크를 푼다

공을 가진 미드필더(A)의 앞쪽에는 상대 팀 수비수를 등진 포워드(B)가 서 있다. A는 B의 발밑으로 세로 패스를 보낸다. 패스를 한 순간 수비 측 선수는 포워드가 있는 방향으로 모여든다. 그때 그 앞(자신의 진영 쪽)에 있는 선수는 상대의 시야에서 벗어나므로 자유롭게 움직일 수 있다. 패스를 받은 B는 마크가 풀려 자유로워진 옆 선수(C)에게 패스한다. C는 상대 진영을 향한 상태에서 공을 받을 수 있다.

B, C는 상대 진영을 등진 상태에서 A의 패스를 받을 수밖에 없다.

침투 패스가 들어가면 상대는 공을 주시하느라 선수를 보지 못하므로 마크가 풀리기 쉽다. C는 앞을 향한 상태에서 공을 받을 수 있다.

☞ 축구 박사가 밝히는 비밀의 전술

호나우두가 전술이다?

성인 프로 축구에서도 이따금 아이처럼 플레이하는 선수가 있다. 얼마 전 은퇴한 브라질의 호나우두도 그런 포워드였다. 바르셀로나와 인테르에서 대활약하던 전성기 시절의 호나우두는 하프라인 근처에서 패스를 받아 단숨에 피치의 절반을 질주하며 골을 넣었다. 호나우두가 혼자서 드리블해 득점까지 했기 때문에 "호나우두가 전술이다"라는 말까지 나왔다. 그러나 이것은 예외적인 경우이며 성인 축구, 특히 프로 축구 경기에서는 상대의 수비진이 그런 플레이를 거의 허용하지 않는다. 그러므로 혼자가 아니라 팀 전체가 함께 공격해야 한다.

공격 | Strategy

Question:

32 미끼 움직임의 노림수

그렇구나!

> 아무래도 공을 가진 선수에게 시선이 가는데, 다음부터는 축구 경기를 보는 시각이 달라질 것 같아.

한 명이 상대 팀의 마크를 유인해 공간을 만들면 다른 동료가 공을 받는다. 공을 가지지 않은 선수가 '미끼'가 되어 패스의 선택지를 넓히는 움직임을 알아두자.

축구는 단체 스포츠이므로 자신이 직접 득점을 하지 못하더라도 이길 수 있다. '미끼' 움직임은 자신이 상대의 마크를 유도해 동료가 패스를 받을 수 있는 공간을 만드는 플레이다. 이 플레이를 하려면 자신뿐만 아니라 팀 전체를 생각해야 한다.

자신이 패스를 받으려고 움직였는데 패스가 오지 않는 경우는 흔하다. 그럴 때 포기하고 그 자리에서 서버리느냐, 아니면 다른 동료를 위해 움직이느냐는 커다란 차이를 만든다. 만약 그냥 서버리면 다른 선수는 당신이 있는 공간을 활용하지 못한다. 그 시점에서 발상을 전환해 상대를 유인하면서 새로운 공간을 만들려고 움직이는 것이 바로 팀플레이다.

축구에서는 '피치를 위에서 내려다보는 듯한 시야를 가진 선수'를 좋은 선수라고 부른다. 그런 선수는 피치에서 어떤 일이 일어나고 있으며 자신이 공을 가지고 있지 않을 때 팀을 위해 무엇을 할 수 있는지 정확히 판단할 수 있기 때문이다.

3포인트 레슨

1. 자신이 점수를 내지 않더라도 팀은 이길 수 있다!

2. 공을 받지 못했다면 동료를 위해 움직이자!

3. 피치를 위에서 내려다보는 듯한 감각을 익히자!

그림으로 확인하는 전술적 포인트

공간을 만드는 미끼 움직임

자신의 팀이 왼쪽 측면에서 공을 가지고 있다. 이때 왼쪽 포워드(A)가 수비 라인 뒤쪽 공간을 향해 달리기 시작했다고 가정하자. A를 마크하던 상대 팀 풀백은 A를 쫓아가고, 이에 따라 상대 팀의 수비 라인이 내려가므로 오른쪽 포워드(B)가 패스를 받을 수 있는 공간이 생긴다. 그러면 A가 만든 공간으로 B가 들어가 그곳에서 패스를 받는다. 자신이 공을 받지 못하더라도 동료가 패스를 받을 수 있는 공간을 만듦으로써 팀에 공헌할 수 있다.

수비 라인의 뒤쪽을 향해 달려들면…

설령 자신이 패스를 받지 못하더라도 움직인 뒤에 공간이 생겨 동료가 패스를 받기 쉬워진다.

☞ 축구 박사가 밝히는 비밀의 전술

압박을 유도한 뒤 푸는 지단의 게임 메이킹

지단은 패스를 받는 기술이 뛰어난 선수였지만 활동량은 그다지 많지 않았다. 압박을 가하는 상대와의 거리가 좁아도 공을 받을 수 있는 확실한 기술이 있었기 때문에 패스를 받는 순간에 2미터 정도만 떨어져 있으면 충분했다. 그는 화려한 움직임으로 마크를 제치는 것이 아니라 일부러 상대의 압박을 유도한 뒤 교묘한 볼 컨트롤로 압박을 벗어났다. 그런 상황을 만들어 주위의 동료를 자유롭게 하는 것이 그의 장기였다. 지단이 패스를 받아 짧은 패스를 연결하기만 해도 팀 전체가 점점 유리한 상황이 된 것이다.

공격 Strategy

Question: 33 오버래핑의 메커니즘

> 그렇구나!

공을 가진 동료의 바깥쪽을 추월해 달리는 움직임을 '오버래핑'이라고 한다. 측면 공격의 대표적인 패턴인 오버래핑의 메커니즘을 살펴보자.

> 오버래핑에서 세계 정상급 선수가 되는 것이 꿈이야. 팀의 기회를 전부 내가 만들겠어!

오버래핑은 공을 가지고 있는 선수의 바깥쪽을 돌아서 전방으로 달려가는 플레이다.

오버래핑의 목적은 상대 팀 수비수를 혼란시키는 것이다. 가령 오른쪽 측면에 공을 가지고 있는 선수가 있다고 가정하자. 이때 상대 선수는 1대1로 대응하는데, 그 바깥쪽으로 다른 선수가 달려가면 드리블을 하며 중앙으로 들어가느냐, 바깥쪽으로 패스하느냐라는 선택지가 생긴다.

또 이와 동시에 상대 수비 라인을 끌어내리는 효과도 있다. 측면의 선수가 높은 위치로 올라가면 상대 팀의 최종 라인은 그에 대응해 내려간다. 그러면 수비 라인 앞쪽의 공간, 이른바 위험 지역(Vital Area)이 비므로 슛이나 스루패스를 노릴 수 있다.

오버래핑을 하는 선수는 공을 가지고 있는 동료에게 "돌아 들어간다!"라든가 "지나간다!"라고 외쳐 자신의 존재를 알리자.

3포인트 레슨

1. 오버래핑을 하면 수비수는 혼란에 빠진다!

2. 수비 라인이 내려가므로 위험 지역이 빈다!

3. 오버래핑을 하는 선수는 말로 신호를 보내자!

그림으로 확인하는 전술적 포인트

 오버래핑을 통한 공격 패턴

오른쪽 측면에서 공을 가진 선수(A)가 드리블을 하며 중앙으로 들어간다. 그리고 후방의 선수(B)가 바깥쪽으로 A를 추월해 달려간다. 수비수는 A가 드리블을 하며 중앙으로 들어올지, 아니면 오버래핑한 B에게 패스할지 알 수 없으므로 마크가 느슨해진다. A는 수비수의 상황과 오버래핑한 선수의 전방 공간을 보면서 골로 연결될 확률이 높은 플레이를 선택한다.

드리블로 상대를 유인하고…

오버래핑(후방에서 자신을 추월)한 동료에게 패스한다.

축구 박사가 밝히는 비밀의 전술

오버래핑으로 상대 팀의 라인을 끌어내린다

일본 대표팀은 오버래핑을 자주 사용했다. 예를 들어 오른쪽 측면에서 나카무라 슌스케가 공을 가지고 있으면 거의 반드시 오른쪽 풀백인 가지 아키라가 바깥쪽으로 오버래핑을 했다. 가지가 나카무라보다 전방으로 나옴으로써 상대 팀의 수비 라인을 끌어내리려는 목적이었다. 그때까지 나카무라를 기준으로 형성되었던 수비 라인이 가지를 기준으로 재편성되기 때문이다. 상대 팀의 수비 라인을 끌어내리면 라인 앞쪽의 위험 지역이 넓어지는데, 그곳으로 패스를 보내 결정적인 상황을 만들었다. 설령 패스를 받지 못하더라도 가지 아키라는 중요한 역할을 담당했다.

081

공격 Strategy

Question: **34** 퍼제션의 이론

그렇구나!

바르셀로나 같은 팀의 지도자는 행복할 거야. 저렇게 공을 오래 소유하고 있으면 아이디어도 샘솟을 테니 말이야.

공을 가지고 있는 한 상대에게 공격을 당할 일은 없다. 패스를 연결하며 공을 지키는 '퍼제션(볼 점유)'의 기본을 이해해 항상 경기의 주도권을 쥘 수 있는 팀을 만들자.

퍼제션이란 쉽게 말하면 팀이 공을 계속 소유하는 것이다. 그렇다면 왜 공을 계속 소유할까? 간단하다. 이쪽이 공을 가지고 있는 한 상대는 절대 공격하지 못하기 때문이다. 그러나 공을 계속 보유하는 것만으로는 승리하지 못한다. 패스를 계속 돌리기만 해서는 영원히 무승부에 그칠 뿐이다. 퍼제션의 최종 목적은 어디까지나 '득점'이다. 물론 패스 한 번으로 상대의 수비를 무너뜨릴 수 있다면 가장 효율적이지만, 기본적으로 패스의 정확도는 거리가 멀수록 떨어진다. 따라서 정확도가 높은 5~10미터 정도의 패스를 확실히 연결하면서 공을 앞으로 보낼 필요가 있다.

바르셀로나의 경기를 보면 알 수 있겠지만, 그들은 원 터치 혹은 투 터치로 공을 패스하면서 앞으로 공을 보낼 타이밍을 끊임없이 엿본다. 그저 패스를 연결하는 것이 아니라 전방으로 공을 보내 상대를 자극하면 수비수는 공에 더욱 민감하게 반응하므로 패스 돌리기가 효과를 발휘한다.

전술적으로는 앞서고 있는 팀이 일부러 공격하지 않고 공을 돌려 상대의 체력을 소모시키려는 목적의 퍼제션도 있다.

3포인트 레슨

1. 퍼제션의 최종 목적은 어디까지나 '득점'이다!

2. 공을 가진 선수는 항상 세로 패스를 노리자!

3. 패스 돌리기를 위한 패스 돌리기가 되지 않도록 주의하자!

그림으로 확인하는 전술적 포인트

퍼제선을 통해 복수의 선택지가 생긴다

왼쪽 측면에서 공을 가지고 있는 선수(A)가 곁에 있는 동료(B)에게 공을 보낸다. B는 재빨리 전방의 선수(C)에게 패스한다. 오른쪽 측면의 선수(D)와 왼쪽 대각선 앞의 선수(E)는 C로부터 패스를 받기 위해 움직인다. 이 시점에서 C에게는 세 가지 선택지가 생긴다. ① E에게 세로 패스와 ② 왼쪽 측면의 D에게 패스다. ①을 선택하는 쪽이 슛으로 이어질 가능성이 높아 보이지만 ②도 잘못된 선택은 아니다. ③ 뒤로 돌리기는 ①과 ②가 전부 무리일 경우에만 선택하자.

패스를 연결해 상대 팀의 골문 앞까지 공을 전달한다.

①이 슛으로 직결될 가능성이 더 높아 보이지만 ②도 나쁜 선택은 아니다. 어느 쪽을 선택하든 슛 기회를 놓치지 않는 것이 중요하다. ③은 ①과 ②가 전부 무리일 경우에만 선택한다.

축구 박사가 밝히는 비밀의 전술

잉글랜드와 스코틀랜드

잉글랜드와 스코틀랜드가 첫 국제 경기를 치렀을 당시 이미 잉글랜드의 롱패스 전법과 스코틀랜드의 숏패스 전법이 확립되어 있었다고 한다. 스코틀랜드가 구사했다고 하는 숏패스 전법은 유럽 대륙과 남아메리카로 확산되었고, 이윽고 축구 전술의 주류가 되었다. 숏패스를 중심으로 한 공격은 롱패스 중심의 공격에 비해 섬세한 기술과 아이디어가 요구되지만 정확하고 치밀한 플레이를 할 수 있다는 이점이 있다.

신체 접촉을 줄일 수 있으므로 체격의 영향도 적다. 이것이 숏패스 전법이 전 세계로 확산된 이유가 아닐까?

STAGE_03 그룹전술

공격 Strategy

Question: 35 롱볼을 활용하는 법

그렇구나!

1점이 꼭 필요한 상황에서는 멀리 공을 차 넣고 승부하는 거야! 우리 팀도 지금까지 이 전법으로 경기에서 이겨왔지.

롱볼은 재빨리 골문 앞으로 달려들고 싶을 때나 상대의 수비가 정비되어 있지 않을 때 효과적인 작전이다. 자신보다 강한 팀에 대한 대응책으로 자주 사용된다. 롱볼의 장점과 단점은 무엇일까?

롱볼은 상대 골문 근처로 장거리 패스를 보내 단숨에 기회로 연결하는 전술이다. 약한 팀이 강한 팀에게 승리하기 위해 뒤에서 굳게 수비하다가 롱볼로 점수를 노리는 작전을 사용하는 경우가 종종 있다.

롱볼의 포인트는 세 가지다. 먼저 수비 라인의 등 뒤 공간 혹은 타깃이 되는 선수를 향해 정확하고 멀리 찰 수 있는 선수가 있을 것, 장거리 패스를 받을 수 있는 기술을 가지고 빈 공간으로 뛰어들 수 있을 만큼 빠른 선수가 있을 것, 세컨드볼을 차지할 수 있는 선수가 있을 것. 이 세 가지가 갖춰져 있으면 롱볼 전술에 적합한 팀이라고 할 수 있다.

다만 롱볼 전술밖에 쓰지 못하는 팀은 괴롭다. 롱볼은 언제나 확실히 통하는 방법이 아니다. 상대 팀의 공이 될 확률도 높다. 한 경기 내내 롱볼을 차고 공을 쫓아 달려갔다가 자기 진영으로 돌아오기를 반복하면 중원의 선수들은 지치고 만다.

롱볼을 효과적으로 이용하는 팀은 반드시 템포를 늦추는 시간을 만든다. 그 점을 기억해두기 바란다.

3포인트 레슨

1. 롱볼은 단번에 기회를 만들 수 있는 전술이다!

2. 롱볼에 필요한 세 가지 요소를 확인하자!

3. 템포를 늦추는 시간도 만들어 체력을 비축하자!

그림으로 확인하는 전술적 포인트

CLOSE-UP 1 롱볼을 차고 쫓아간다

롱볼의 기본적인 패턴은 후방의 선수가 찬 공을 전방의 선수(키가 크고 힘이 센 선수가 이상적)가 경합하고, 여기에서 흘러나온 공을 두 번째 선수(발이 빠른 선수가 좋다)가 쫓아가는 형태다. 코너플래그 쪽으로 공을 보내 측면의 깊은 위치에서 공격의 기점을 만드는 방법도 있다.

롱볼을 차 넣고 공을 쫓아가는 공격법.

CLOSE-UP 2 롱볼의 단점

롱볼은 숏패스에 비해 정확성이 떨어진다. 따라서 중원의 선수들은 공을 빼앗길 때마다 공격과 수비의 전환을 반복해야 하므로 엄청난 운동량을 강요당한다. 한 경기 내내 이런 플레이를 계속하기는 어려우므로 완급 조절이 중요하다.

상대 팀이 롱볼을 차지하면 수비로 전환해야 한다.

☞ 축구 박사가 밝히는 비밀의 전술

잉글랜드의 롱볼 전법이 사라진 이유

포워드를 향한 롱볼과 하이크로스는 과거에 잉글랜드가 즐겨 사용한 전법이었다. 그러나 1970년대에 각국의 골키퍼와 센터백이 공중전의 대책을 마련하자 거의 효과를 볼 수 없게 되었다. 다만 잉글랜드의 롱볼 전법이 사라진 첫 번째 원인은 90분 내내 계속하기에 적합하지 않기 때문일 것이다. 짧은 시간이면 상관없지만 경기 내내 롱볼을 쫓아 먼 거리를 반복해서 오르내리면 미드필더의 체력은 금방 고갈된다. 처음에는 측면 미드필더가 지치고, 이에 따라 폭 70미터를 두 명이 수비하게 된 중앙 미드필더도 얼마 후 녹초가 되는 것이 롱볼 전법의 고질적인 문제점이었다.

공격　　Strategy

Question:
36 역습의 성공률이 높은 이유

그렇구나!

유소년 축구뿐만 아니라 프로 축구에서도 일방적으로 공격하다가 역습 한 번에 무너지는 경기를 자주 볼 수 있어.

축구에서 골이 나올 확률이 가장 높은 장면은 공격과 수비가 뒤바뀔 때, 즉 역습 상황이다. 역습 기회를 놓치지 않고 골로 연결하면 승리에 가까워진다.

　역습에서 골이 잘 나오는 것은 어떤 스포츠든 똑같다. 농구의 가로채기도 그렇고, 복싱의 크로스카운터도 마찬가지다. 축구에서도 역습은 최대의 기회라고 해도 과언이 아니다.
　축구의 역습에는 자신의 진영으로 물러나 전방으로 롱볼을 보내는 장거리 역습과 높은 위치에서부터 압박을 가해 공을 빼앗은 뒤 재빨리 공격하는 단거리 역습의 두 종류가 있다. 이 가운데 정통 방식은 장거리 역습이다. 자신의 진영 깊숙이 내려와 수비를 단단히 하며 상대를 자신의 진영 안으로 유인한다. 그리고 공을 빼앗으면 상대의 배후 공간으로 롱볼을 차고 단숨에 골문을 향해 돌진한다. 적은 인원으로 공격해야 하기 때문에 빠른 발과 드리블 등의 개인기가 포워드에게 요구된다.
　단거리 역습은 높은 위치에서 적극적으로 압박을 가하고 공을 빼앗으면 재빨리 골문을 향하는 전술이다. 높은 위치에서 공을 빼앗으려고 달려들므로 조직적인 수비와 빠른 공수 전환이 필수 요소다.

《 3포인트 레슨 》

1. 역습은 축구에서 가장 큰 기회다!

2. 자신의 진영으로 내려와 수비하다가 단번에 전방으로 공을 보내자!

3. 높은 위치에서 공을 빼앗아 재빨리 공격하자!

그림으로 확인하는 전술적 포인트

CLOSE-UP 1 장거리 역습의 기본 패턴

장거리 역습은 자기 진영의 낮은 위치에 포진하는 것이 기본이다. 이때 전원이 내려와 수비하는 것이 아니라 전방에 한두 명을 역습 요원으로 남겨두자. 상대의 풀백이 오버래핑한 뒤의 공간을 노린다.

낮은 위치에서 공을 빼앗은 뒤 전방으로 패스를 연결해 역습.

CLOSE-UP 2 단거리 역습의 기본 패턴

단거리 역습은 공격 시에 상대에게 공을 빼앗긴 순간이다. 전방의 선수들이 공에 압박을 가하고 패스 코스를 차단해 공을 다시 빼앗는다. 공을 빼앗은 지점이 골문에서 가까우면 패스 거리가 짧아지므로 패스의 확실성이 높아진다.

높은 위치에서 공을 빼앗아 재빨리 골문을 향한다.

☞ 축구 박사가 밝히는 비밀의 전술

무리뉴가 구사하는 강팀의 역습

세계 최고의 감독으로 불리는 무리뉴의 팀은 역습을 효과적으로 사용한다. 인테르와 레알 마드리드 등 그가 이끈 팀이 좋은 결과를 낸 데는 철저한 역습도 한몫했다. 인테르에서는 2009-2010시즌 챔피언스리그 준결승에서 바르셀로나를 침몰시켰는데, 수비 라인 뒤쪽으로 에투와 밀리토라는 발 빠른 포워드가 달려드는 축구에 바르셀로나가 무너졌다는 인상을 받았다. 인테르와 레알 마드리드는 모두 세계적인 스타 군단이다. 그런 선수들이 자신을 우직하리만치 따르도록 만드는 무리뉴의 카리스마는 그저 놀라울 뿐이다.

공격 | Strategy

Question:
37 원 터치 플레이의 이점

그렇구나!

수비수가 몰려 있는 곳에서는 자유롭게 플레이할 시간도 공간도 없다. 그런 밀집 지역에서 마크를 벗어나려면 원 터치로 공을 돌리는 플레이가 중요하다.

골문 앞의 밀집 지역에서도 원 터치로 패스를 연결하는 기술이 있는 팀은 강해. 수비수가 따라붙지 못하는 순간 곧바로 슛이지.

축구의 기본은 투 터치다. 멈추고, 찬다. 이것이 기본 리듬이다. 그런데 그 기본 리듬이 통용되지 않는 경우도 있다. 골문 앞이나 중원은 선수가 밀집해 있어 압박이 들어오는 속도도 빠르다. 따라서 자유로운 상황처럼 몇 번씩 공을 터치해서는 기회가 생기지 않는다.

그런 밀집 지대에서는 원 터치 플레이가 효과를 발휘한다. 원 터치란 문자 그대로 자신에게 온 공을 직접 다음 선수에게 패스하는 것이다. 원 터치 플레이가 두세 번 연속되면 상대는 공의 움직임을 따라잡지 못한다. 상대가 접근하는 것보다 빨리 공을 다른 선수에게 보내므로 상대로서는 공을 빼앗으려 가려는 순간 이미 그곳에서 공이 사라진 느낌을 받는다.

밀집 지대에서는 상대에게 접근해 공을 빼앗으려는 의식이 강해진다. 이런 심리를 역이용해 원 터치 패스를 연속으로 하면 마크가 순서대로 풀려 자유로워지는 선수가 생긴다. 또 원 터치로 플레이하면 상대와 접촉하는 일도 줄어들므로 몸이 작은 선수는 원 터치로 간결하게 차는 기술을 갈고닦으면 좋을 것이다.

3포인트 레슨

1. 밀집 지대에서는 공을 받아도 금방 압박당한다!

2. 원 터치 패스를 두세 번 연속하면 마크가 풀린다!

3. 몸집이 작은 선수는 원 터치 플레이를 갈고닦자!

그림으로 확인하는 전술적 포인트

 원 터치 패스로 마크를 푼다

공을 가진 선수(A)가 드리블을 하며 왼쪽 측면에서 올라오는 장면이다. A가 패스를 보내려는 선수들은 모두 마크를 당하고 있다. 그렇다고 계속 드리블로 돌파하기는 리스크가 있으며, 공을 뒤로 돌리는 것도 추천할 만한 선택이 아니다. A는 공을 받으려고 내려온 선수(B)에게 침투 패스를 한다. B는 지원을 온 선수(C)에게 원 터치로 패스한다. 그러면 C에게 수비수가 다가오므로 오른쪽 측면에 있던 선수(D)가 자유로워진다. 이때 C가 멈추지 않고 재빨리 D에게 패스하면 밀집 지대를 돌파할 수 있다.

모든 선수가 마크를 당하는 상황이지만…

원 터치 플레이를 구사해 마크를 하나 어긋나게 하면 주위의 마크도 순서대로 어긋난다.

원 터치로 패스!

☞ 축구 박사가 밝히는 비밀의 전술

원 터치 플레이의 진가

바르셀로나 감독 시절에 크루이프는 "원 터치로 플레이할 수 있는 선수는 일류다. 투 터치라면 평범한 선수다. 쓰리 터치는 삼류 선수다"라고 말했다. 항상 원 터치로 플레이할 기술이 있으면 압박이 심한 상황에서도 당황하지 않고 플레이할 수 있다. 반대로 원 터치밖에 허용되지 않는 상황에서 투 터치나 쓰리 터치를 하면 공을 빼앗기고 만다. 다만 상황에 따라 원 터치에서 드리블까지 다양한 선택을 할 수 있는 선수가 가장 좋은 선수일 것이다. 턴할 수 있는 상황에서 단순히 원 터치로 패스를 되돌려주는 것은 좋은 플레이라고 할 수 없다. 상황에 따라 다르다는 말이다.

공격 — Strategy

Question:

38. 위험 지역을 이용하는 법

그렇구나!

수비 라인 앞에 생기는 위험 지역. 이곳에서 공격 측의 선수가 전방을 향한 상태로 공을 가지고 있으면 득점 기회로 이어질 확률이 높다. 이 위험 지역에서 공격의 기점을 만들기 위한 비결은 무엇일까?

> 드리블로 상대 수비를 향해 돌진하면 수비의 균형이 무너지지. 그 다음에는 동료를 믿고 공을 맡기면 돼.

위험 지역은 주로 수비 라인 앞쪽 지역을 가리킨다. 이곳에서 공격 측 선수가 전방을 향한 상태로 공을 가지고 있으면 득점 기회로 이어질 확률이 높기 때문에 '위험한 지역'이라고 부르는 것이다.

이 지역에서 공을 가진 선수를 자유롭게 놔두면 간단히 중거리 슛을 허용하고 만다. 그러므로 수비 측은 누군가가 앞으로 나와 대응할 수밖에 없는데, 그렇게 되면 최종 라인의 인원이 한 명 줄어들어 공간이 생긴다. 공간이 생긴다는 말은 공격 측에 플레이의 선택지가 넓어진다는 의미다. 스루패스나 월패스를 구사해 중앙 돌파를 노리고, 상대의 풀백이 중앙으로 좁혀오면 넓어진 측면으로 공을 보내 크로스를 올리는 등 다양한 선택을 할 수 있다. 요컨대 위험 지역에 공격의 기점을 만들면 수비를 불안정하게 만들 수 있다.

중앙 돌파를 통해 골을 노리려면 위험 지역에서 전방을 향한 채 공을 받을 수 있는 상태를 만들어야 한다. 풀백이 오버래핑해 수비 라인을 유인하는 것도 한 가지 방법이다.

3포인트 레슨

1. 위험 지역은 득점 확률이 높은 '치명적인' 지역이다!

2. 위험 지역에서 공격의 기점을 만들면 수비가 불안정해진다!

3. 중앙 돌파는 위험 지역에서 전방을 향하는 것부터!

그림으로 확인하는 전술적 포인트

 위험 지역에서 공을 받는다

오른쪽 측면에서 공을 가진 선수(A)가 드리블을 한다. 상대는 수비수 네 명과 미드필더 네 명이 블록을 굳게 형성하고 있다. 오른쪽 포워드(B)는 수비수와 미드필더를 연결하는 삼각형의 중앙으로 움직여 공을 유도한다. B가 수비 라인 앞쪽 위치에서 앞을 향한 상태로 공을 받으면 수비수는 B를 향해 모여든다. B를 마크하던 선수는 B가 중거리 슛을 하지 못하도록 앞으로 나온다. 그 결과 생긴 공간으로 또 다른 포워드(C)가 달려든다. 마크를 뿌리친 C에게 B가 스루패스를 보낸다.

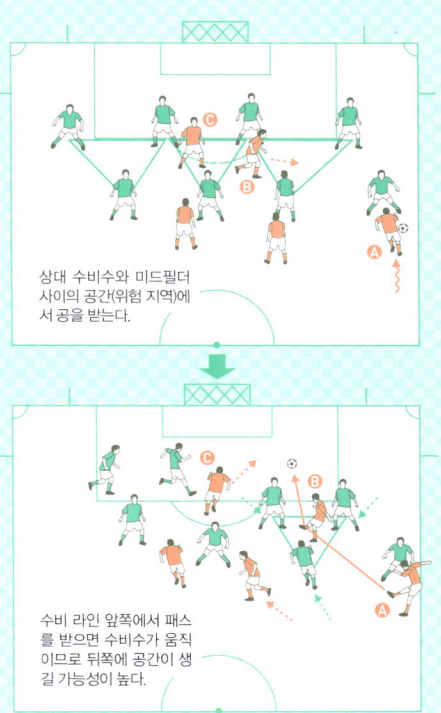

상대 수비수와 미드필더 사이의 공간(위험 지역)에서 공을 받는다.

수비 라인 앞쪽에서 패스를 받으면 수비수가 움직이므로 뒤쪽에 공간이 생길 가능성이 높다.

👉 축구 박사가 밝히는 비밀의 전술

위험 지역은 아스날의 생명선

위험 지역을 효과적으로 이용하는 팀이라고 하면 아스날이 먼저 떠오른다. 이 팀의 비밀은 풀백에 숨겨져 있다. 클리쉬와 사냐처럼 신체 능력이 뛰어난 선수들을 풀백으로 배치하고 빈번히 오버래핑을 시도하는 것이다. 이에 따라 상대 팀의 수비 라인이 내려오면 위험 지역은 넓어진다. 그러면 세스크와 나스리 같은 테크닉과 창의성을 겸비한 선수가 그곳으로 파고들어 스루패스나 원투 패스, 중거리 슛 등을 구사한다. 기술이 있는 선수가 위험 지역에서 자유롭게 움직일 수 있는 시간을 얼마나 만들어주느냐가 아스날 축구의 생명선이라 할 수 있다.

공격　　Strategy

Question:
39 측면 전환의 타이밍

> 그렇구나!

> 같은 측면에서만 계속 공격하면 공을 지키기 어려워. 그래서 장거리 패스를 잘하는 선수가 팀에 한 명은 있어야 하지.

측면에서 여러 명이 공을 돌리며 상대를 유인한 다음 공을 반대 측면으로 보내 공격을 전개한다. 측면 전환을 효과적으로 하면 피치를 넓게 활용하며 공격할 수 있다.

킥오프 시점에서는 피치에 양 팀 선수가 균등하게 분산되어 있을 것이다. 그러나 경기가 시작되면 분포가 한쪽으로 편중된다. 수비수는 공이 있는 장소를 기준으로 포지션을 수정한다. 측면에서 공격을 전개하면 상대는 그쪽 측면으로 몰린다. 공간에 선수가 많을수록 패스를 돌리기는 어려워진다.

이 '갑갑한' 상황을 타개하기 위한 전술이 측면 전환이다. 롱패스로 측면을 단번에 전환하면 상대는 포지셔닝을 수정해야 해 커버링이 늦어진다. 공이 없는 측면에는 선수가 많지 않으므로 측면 전환을 위한 패스에 성공하면 발이 빠른 선수가 드리블로 돌파하거나 재빨리 골문 앞으로 크로스를 올리는 등 공격을 유리하게 전개할 수 있다.

측면 전환을 효과적으로 사용하려면 롱패스의 정확성과 강한 킥력이 요구된다. 만약 측면 전환을 하다 공을 빼앗기면 역습을 당하므로 확실히 성공할 자신이 있을 때만 하는 편이 좋다.

3포인트 레슨

1. 같은 측면에서만 공을 돌리면 '갑갑한' 상황이 된다!

2. 측면을 전환하면 커버링이 늦어진다!

3. 측면 전환은 확실히 성공할 수 있을 때만 하자!

그림으로 확인하는 전술적 포인트

측면 전환으로 국면을 바꾼다

왼쪽 측면에 공이 있을 경우, 공을 가진 선수(A)를 마크하는 수비수와 그 배후 공간을 커버하는 수비수가 있다. 또 다른 수비수들도 공이 있는 위치를 중심으로 커버링 포지션을 잡는다. A는 지원을 온 대각선 뒤쪽의 선수(B)에게 패스를 돌린다. 공을 받은 B는 오른쪽 측면의 자유로운 동료 선수(C)에게 길게 패스해 측면을 전환한다. 그러면 상대 팀 수비수는 커버링 포지션을 잡기 위해 이동하므로 커버링이 늦어져 공격을 전개하기 수월해진다.

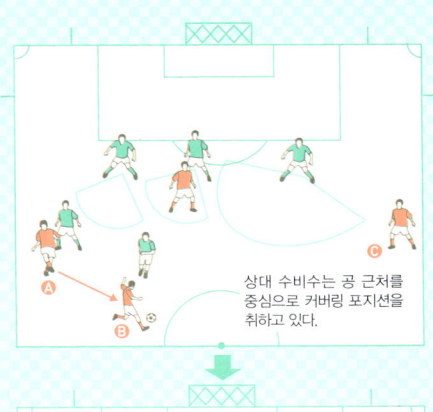

상대 수비수는 공 근처를 중심으로 커버링 포지션을 취하고 있다.

측면 전환을 하면 수비수는 포지션을 수정해야 해 커버가 늦어진다.

🖝 축구 박사가 밝히는 비밀의 전술

이탈리아의 피를로 시스템

2006년 월드컵에서 우승한 이탈리아는 수비형 미드필더인 피를로를 공격 전개의 중심으로 삼았다. 피를로는 정확한 미들패스와 롱패스를 구사하는 미드필더다. 이탈리아는 피를로에게 공을 집중했고, 피를로는 상대 팀 풀백의 뒤쪽으로 떨어지는 측면 전환 패스를 중심으로 이탈리아의 공격을 이끌었다. 지역 방어는 공이 있는 곳으로 전체가 이동하며 수비하기 때문에 피를로의 정확한 측면 전환 패스는 강력한 무기가 된다. 상대 수비수가 포지션을 수정하는 사이에 5~10미터를 전진하고, 그 다음에는 장신 포워드인 루카 토니에게 하이크로스를 올려 슛으로 연결하는 공식이 확립되었다.

STAGE 03 그룹전술 | 공격 | Strategy

Question 40: 오프사이드 트랩을 무너뜨리는 법

> 그렇구나!

> 세계 수준의 축구에서 오프사이드는 종이 한 장 차이지. 어떤 의미에서는 도박을 하는 심정으로 뛰어들 때도 있어.

수비 측이 수비 라인을 높게 유지하면서 라인을 올리고 내려 공격 측을 함정에 빠뜨리는 오프사이드 트랩. 이 오프사이드 트랩을 거는 습성을 이용한 공격 전술을 소개한다.

오프사이드 트랩에는 주로 두 가지 패턴이 있다. 패스가 발을 떠난 순간 수비 라인을 끌어올려 공격 측 선수를 오프사이드 포지션에 남겨두는 패턴과 뒤로 물러나면서 수비하다 패스를 하려는 순간 수비수가 정지함으로써 수비수 뒤쪽으로 달려가던 공격수의 위치를 오프사이드 포지션으로 만드는 패턴이다. 물론 양쪽 모두 공략법이 있다.

라인을 끌어올리는 패턴에는 수비수 뒤쪽으로 달려드는 방법이 효과적이다. 전방의 선수가 오프사이드 위치에 있더라도 플레이에 관여하지 않으면 오프사이드가 선언되지 않는다. 따라서 라인을 끌어올린 수비수와 자리를 바꾸듯이 2선, 3선에 있던 선수가 후방에서 달려든다.

라인을 멈추는 패턴의 경우에는 수비수 사이를 뚫고 지나가면 자유로운 상태에서 공을 받을 수 있다. 수비 라인은 공을 가진 선수를 마크하는 수비수를 기준으로 대각선 뒤쪽에 커버링 포지션을 잡는다. 수비 라인이 어디에서 멈추는지 연구한 다음 정지하는 타이밍에 그 뒤쪽으로 달려 들어가 공을 받자.

경기 중에 상대가 라인을 어떤 식으로 조정하는지 그 경향을 읽는 것도 중요하다.

3포인트 레슨

1. 오프사이드 트랩에는 공략법이 있다!
2. 라인을 끌어올릴 경우에는 2선에서 달려들자!
3. 라인을 멈출 경우에는 수비수 사이를 뚫고 지나가자!

그림으로 확인하는 전술적 포인트

수비 라인을 끌어올릴 경우

최전방의 선수(A)는 상대가 수비 라인을 끌어올렸으므로 오프사이드다. 그러나 2선의 선수(B)는 오프사이드가 아니므로 이때 수비 라인 뒤쪽으로 달려들면 자유로운 상태에서 패스를 받을 수 있다. 수비수와 반대 방향으로 움직이므로 상대로서도 마크하기가 어려운 효과적인 공략법이다.

라인을 끌어올리는 오프사이드 트랩에 대해서는 2선에서 달려드는 전법이 효과적이다. A는 오프사이드 포지션이지만 B는 오프사이드가 아니다.

수비 라인을 멈출 경우

패스하는 타이밍에 맞춰 수비 라인을 멈춤으로써 오프사이드를 유도하는 패턴이다. 패스를 받을 선수는 상대의 오프사이드 트랩 의도를 읽고 아래로 내려와 패스를 받는 척하다 수비수의 배후를 향해 달리자. 패스를 하는 선수와 타이밍을 맞추는 것이 중요하다.

라인을 갑자기 멈추는 오프사이드 트랩에 대해서는 수비수 사이를 뚫고 지나가면 커버링이 되지 않아 자유로운 상태가 되기 쉽다.

☞ 축구 박사가 밝히는 비밀의 전술

오프사이드 포지션에서 골을 넣는 인자기

필리포 인자기는 중요한 상황에서 많은 득점을 한 포워드인데, 특별히 발이 빠른 선수도 아니고 테크닉이 특출하지도 않다. 그런 인자기가 골을 넣는 이유는 위치 선정이 뛰어나기 때문이다. 독특한 점은 오프사이드 포지션에서 골을 넣는다는 것이다. 일반적으로 포워드는 최대한 아슬아슬하게 온사이드가 되는 선상에서 패스를 받으려 하지만 인자기는 아슬아슬하게 오프사이드가 되는 위치를 노린다. 이때 수비수는 오프사이드임을 어필하며 마크하지 않는 경우도 많은데, 그러면 자유롭게 슛을 쏠 수 있다. 축구에서는 주심의 판정이 절대적이므로 위치상으로는 오프사이드이더라도 오프사이드로 판정되지 않으면 문제없다는 발상일 것이다.

Column:03
고금의 축구 전술 이야기 -다섯 시스템의 시대-

1960~1970년대
: 충격적이었던 네덜란드의 축구

1930~1960년대의 주류는 WM 시스템이었지만 그와 동시에 커버링 전문 수비수를 진형의 최후방에 두는 스위퍼 시스템도 등장했다. 1970년대까지는 쓰리톱이 주류였기 때문에 쓰리백+스위퍼라는 형태로 정착되었다.

1960~1970년대에 들어와 4-2-4, 4-3-3으로 변형되는 가운데 잉글랜드가 투톱을 앞세운 4-4-2로 1966년 월드컵에서 우승하자 투톱도 선택지의 하나로 유행했다. 그리고 1970년대의 주류였던 4-3-3에서 획기적이었던 팀은 아약스와 네덜란드 대표팀을 들 수 있다. 리누스 미켈스 감독이 이끈 두 팀은 전방에서부터 강하게 압박을 가하는 '공 사냥'이라는 새로운 전법을 선보였다.

공 사냥은 1990년대에 들어와 압박(프레싱)으로 정착되었는데, 당시로서는 매우 참신한 전술로 주목받았다. 전방에서부터 압박을 가하고 대담하게 오프사이드 트랩을 거는 수비 방법은 '최단 시간에 공을 되찾아오기' 위한 전술이다. 현재의 바르셀로나가 구사하는 압박은 이때의 아약스나 네덜란드 대표팀의 정신을 계승하고 있다. 1974년 월드컵에서 네덜란드는 때때로 선수 한 명을 다섯 명이 둘러싸기도 해 전 세계에 충격을 줬다.

STAGE_04
스테이지

Tactics : **그룹 전술**

수비

[*Discipline*]

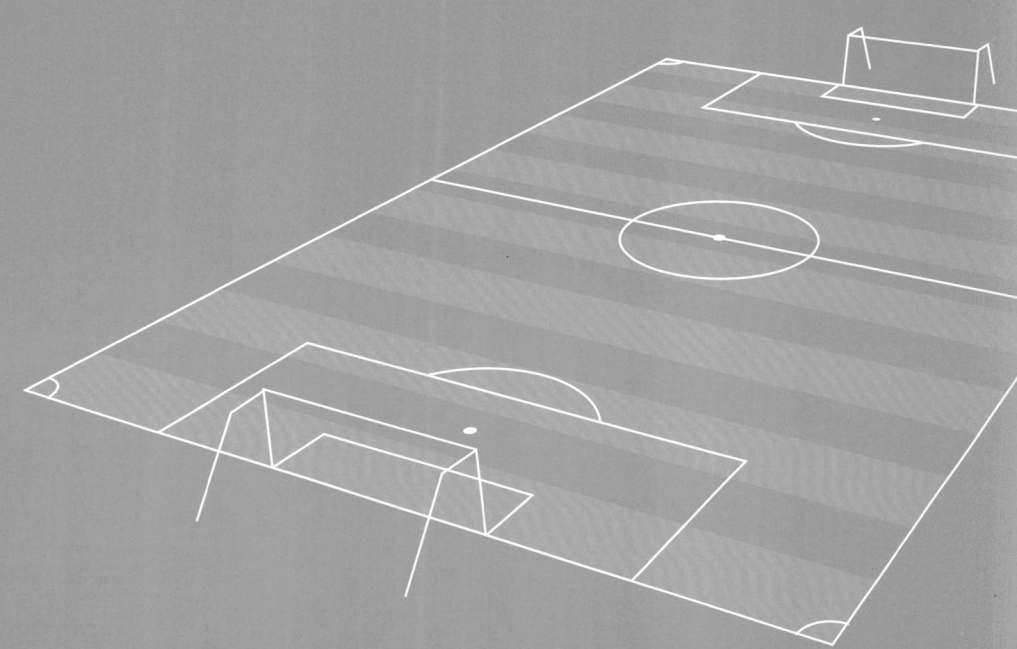

수비 Discipline

Question: 41 그렇구나! **지역 방어와 대인 방어의 차이점**

유소년 축구와 성인 축구는 수비에서 차이가 있는 것 같아. 마크라는 게 생각처럼 단순한 것이 아니었어.

먼저 지역 방어와 대인 방어의 기본과 차이점을 알자. 어느 쪽을 선택하느냐는 개인의 능력과 상대와의 상성에 따라 달라진다. 현재는 지역 방어와 대인 방어를 조합한 수비법이 주류를 이룬다.

축구의 수비 방법에는 두 가지가 있다. 지역 방어와 대인 방어다. 이 두 방법을 극단적으로 설명하면 지역 방어는 자신의 '지역'을 수비하는 방법이고, 대인 방어는 '사람'에게 들러붙어 수비하는 방법이다. 예를 들어 중앙의 상대 선수가 측면으로 움직였을 때 지역 방어라면 자신의 옆 지역을 담당하는 동료에게 마크를 인계하지만, 대인 방어라면 자신이 마크하는 선수가 어디를 가든 따라간다.

지역 방어의 이점은 움직임이 규칙적이므로 균형을 유지하기 쉬워 구멍이 잘 생기지 않는다는 점이다. 또 자신 있는 지역(중앙이면 중앙, 측면이면 측면)에서 플레이할 수 있다는 점도 크다. 한편 대인 방어의 장점은 발이 빠른 선수에게는 발이 빠른 선수, 몸집이 큰 선수에게는 몸집이 큰 선수와 같이 상대의 특징에 맞춰 마크할 수 있다는 점이다.

최근에는 지역 방어와 대인 방어 중 한 가지를 선택하는 것이 아니라 기본적으로는 지역 방어를 하면서 상황에 따라 대인 방어에 가까운 형태로 상대를 마크하는 방법이 주류가 되었다. 그러니 지역 방어와 대인 방어의 특징을 모두 알아두자.

3포인트 레슨

1. 지역 방어는 '장소'를, 대인 방어는 '사람'을 수비한다!

2. 지역 방어는 움직임이 규칙적이고 구멍이 뚫리는 일이 적다!

3. 대인 방어는 상대 선수의 특징에 맞춰 수비할 수 있다!

그림으로 확인하는 전술적 포인트

CLOSE-UP 1 지역 방어

지역 방어는 각 선수가 담당할 지역을 정해놓는 수비 방법이다. 자신들의 균형을 유지하기 쉬우며 구멍이 잘 생기지 않는 것이 장점이다. 다만 담당 지역에 명확한 선이 그려져 있는 것이 아니기 때문에 지역과 지역 사이로 들어온 상대의 마크를 서로 양보하는 일이 종종 발생한다.

지역 방어는 자신이 담당하는 지역에 들어온 상대만을 마크한다.

CLOSE-UP 2 대인 방어

대인 방어는 '이 선수를 마크한다'라고 정한 선수를 끝까지 쫓아가는 수비 방법이다. 몸집이 큰 선수를 작은 선수가 마크하는 등의 '미스매치'는 잘 일어나지 않는다. 그런 만큼 한 사람 한 사람의 책임이 커지므로 마크에 실패했을 때의 커버링 등이 불안 요소다.

대인 방어는 마크를 인계하지 않고 한 선수를 끝까지 쫓아간다.

🔎 축구 박사가 밝히는 비밀의 전술

포백의 정착

현재 전 세계의 거의 모든 팀이 포백의 지역 방어로 수비하고 있다. 쓰리백인 팀도 있기는 하지만 많이 감소했다. 피치의 가로 폭을 지키기에 세 명은 조금 부족하고, 다섯 명이면 수비는 충분하지만 중원에서부터 위쪽의 인원이 부족해진다. 시행착오를 거듭한 결과 네 명이 가장 효율적이라는 결론이 나온 듯하다. 수비와 중원에서 네 명이 라인을 만들어 4인×2라인으로 수비 블록을 구축하는 방식이 많아졌다. 물론 지금까지 그랬듯이 이것도 언젠가 바뀔지 모른다. 다만 포백은 옛날부터 있었으므로 결국 이것으로 정착했다고도 할 수 있다.

099

수비 / Discipline

Question:

42 챌린지&커버 이론

그렇구나!

축구는 혼자서 하는 스포츠가 아니다. 물론 수비도 마찬가지다. 수비의 기본은 챌린지&커버다. 팀플레이의 최소 단위인 2대2 수비를 익히자.

나를 커버하는 선수는 정말 심심할 거야. 내가 다 막아버려서 할 일이 없으니 말이야. 미안할 정도라니까.

공을 가진 선수에 대한 기본적인 수비 방법은 한 명이 공을 빼앗으려 달려들고 다른 한 명이 대각선 뒤쪽에서 커버링을 하는 챌린지&커버다. 이것은 '축구 수비 방법의 전부'라고 해도 과언이 아닐 만큼 중요한 이론이다.

한 명이 대각선 뒤쪽에 포지션을 잡으면 ① 드리블 돌파에 대한 커버, ② 가로 패스에 대한 커버, ③ 배후 공간에 대한 커버를 모두 할 수 있다. 만약 공에 달려드는 동료와 같은 선상에 포지션을 잡으면 가로 패스는 차단할 수 있을지 몰라도 드리블과 배후 공간의 커버는 어려워진다.

다만 이 이론이 적용되지 않는 예외적인 경우도 있다. 공을 가진 선수가 컨트롤을 실수하거나 주위가 보이지 않아 가로 패스를 할 것이 확실할 때는 대각선 뒤쪽이라는 이론에서 벗어나 공을 가로채기 위해 앞으로 달려간다.

먼저 기본 이론을 확실히 이해한 다음 상황에 맞춰 임기응변을 발휘하자.

3포인트 레슨

1. 챌린지&커버는 축구 수비 방법의 전부다!

2. 대각선 뒤쪽에 자리를 잡으면 모든 상황을 커버할 수 있다!

3. 때로는 이론에서 벗어나는 편이 좋을 때도 있다!

그림으로 확인하는 전술적 포인트

 ○ 챌린지&커버를 실천한 상태

공을 가진 상대가 드리블을 하며 달려오는 상황에서 공에 달려드는 선수의 대각선 뒤쪽에 두 번째 선수가 자리를 잡는다. 그러면 상대가 첫 번째 선수를 드리블로 돌파했을 때, 가로 방향에 있는 동료에게 패스했을 때, 배후 공간으로 패스했을 때 전부 커버할 수 있다.

공에 달려드는 동료의 대각선 뒤쪽에 포지션을 잡으면…
① 드리블 돌파를 커버할 수 있다.
② 가로 패스를 커버할 수 있다.
③ 배후 공간을 커버할 수 있다.

 × 챌린지&커버를 실천하지 않은 상태

공에 달려드는 선수와 두 번째 선수가 같은 라인에 있다. 이 경우 가로 패스에 대해서는 재빨리 대응할 수 있지만 배후 공간이 비어버리므로 첫 번째 선수가 드리블로 돌파당하거나 배후 공간으로 패스가 연결되었을 때 커버링이 늦어진다.

대각선 뒤쪽에 커버링 포지션을 잡지 않으면…
가로 패스에는 대응할 수 있지만 드리블과 배후 공간에 대한 커버가 어렵다.

☞ 축구 박사가 밝히는 비밀의 전술

200가지나 되는 2대2 수비 패턴

팀플레이의 최소 단위는 2대2다. 이탈리아의 파르마라는 클럽팀은 어렸을 때부터 2대2 수비를 지도한다고 한다. 2대2의 대응 방법은 대략 200패턴이 있다고 하는데, 이것을 하나하나 가르치는 것이다. 이탈리아의 수비가 왜 그렇게 강력한지 알 것 같다. 이론이 전부는 아니지만 이론을 알아두는 것은 중요한 일이다. 2대2 수비가 능숙해지면 인원이 늘어나도 그 패턴을 조합해 대응할 수 있다는 발상인 듯하다.

수비의 나라 이탈리아의 수비수는 1대1에도 강하지만 2대2는 더욱 강하다는 인상을 뒷받침해주는 이야기다.

수비　　*Discipline*

Question:
43 역습을 저지하는 방법

> 발상을 바꾸면 역습은 기회도 될 수 있어. 공을 다시 빼앗아 재역습하는 거지.

상대에게 공을 빼앗겨 수적으로 불리(혹은 동등)한 상황에서 역습을 당했을 때 위기를 막으려면 팀 전체가 상대의 움직임을 늦추는 방법을 실천해야 한다.

100페이지의 챌린지&커버에서도 다뤘듯이 커버가 없는 상태에서 수비하는 것은 매우 위험하다. 그러나 동료들이 자신의 진영으로 되돌아오는 속도가 느려 커버가 없는 상황일 때도 있다. 바로 역습 상황이다. 공격 중에 공을 빼앗기면 순식간에 상대의 역습이 시작된다. 수비 인원이 부족할 때의 원칙은 어떻게든 '늦추는' 것이다. 상대의 공격 속도를 늦추면 동료들이 돌아올 시간을 벌 수 있다. 공을 빼앗으러 달려드는 것은 그 다음이다.

일반적으로 여겨지는 '(잘) 돌파당하지 않는 거리'는 3미터다. 상대와의 거리를 3미터 정도 벌려놓으면 드리블로 돌파당할 위험은 상당히 줄어든다. 그 대신 상대는 압박을 받지 않는 상태이므로 무엇이든 할 수 있다. 그러나 '무엇이든 할 수 있는' 상황은 공격 측에 망설임을 부르기도 한다. 거리를 유지하며 수비하는 사이에 상대가 알아서 실수를 저질러주는 경우도 있다.

수비 인원이 부족할 때는 다 함께 "달려들지 마!" "공격을 늦춰!"라고 외치면서 전속력으로 돌아오자.

3포인트 레슨

1. 역습 상황에서의 철칙은 '공격을 늦추는' 것!

2. 3미터 거리를 유지하면서 라인을 내리자!

3. '무엇이든 할 수 있는' 상황이 망설임을 부를 때도 있다!

그림으로 확인하는 전술적 포인트

 3미터 콘셉트로 역습을 저지한다

수비 측의 인원이 부족하거나 자신의 진영으로 돌아오면서 수비해야 하는 상황은 수비 측에 불리한 상태다. 커버링이 없는 상황에서 공을 향해 달려들면 드리블로 돌파당하거나 등 뒤의 공간으로 패스를 허용해 결정적인 위기를 초래한다. 공이 있는 측면에 위치한 선수는 3미터를 기준으로 거리를 벌리고 수비하면서 다른 선수가 돌아올 시간을 번다. 그리고 동료 선수가 대각선 뒤쪽에서 커버링 포지션을 잡는 시점에 공을 향해 달려들자.

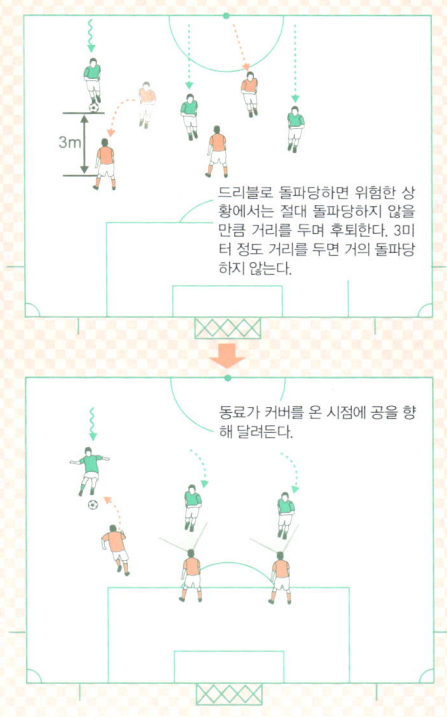

드리블로 돌파당하면 위험한 상황에서는 절대 돌파당하지 않을 만큼 거리를 두며 후퇴한다. 3미터 정도 거리를 두면 거의 돌파당하지 않는다.

동료가 커버를 온 시점에 공을 향해 달려든다.

👉 축구 박사가 밝히는 비밀의 전술

3미터 콘셉트

필립 트루시에 감독이 일본 대표팀을 이끌었을 때(1998~2002년) '3미터 콘셉트'라는 것이 있었다. 이 콘셉트는 다양한 상황에 적용되었는데, 핵심은 상대와 3미터 거리를 두면 배후 공간을 허용하지 않는다는 생각이다. 상대의 공격을 늦추고 싶을 때는 3미터 콘셉트가 효과적일 것이다. 3미터 정도 거리가 있으면 1대1에서도 돌파당할 우려는 거의 없다. 다만 상대는 어느 정도 자유로운 플레이를 할 수 있다. 그러나 2미터라면 돌파당할 우려도, 공을 빼앗을 기회도 있으며, 1미터라면 수비 측에 유리하다고 할 수 있다. 이 거리는 상황에 따라 적절히 활용할 필요가 있다.

| 수비 | *Discipline* |

Question:

44 강력한 드리블러를 억제하는 비결

그렇구나!

결국 달리지 못하게 하면 되잖아? 뭐, 나를 뿌리칠 수 있을 만큼 용감한 선수가 있을 때의 이야기지만….

뛰어난 개인기를 지닌 강력한 드리블러를 혼자서 수비하기는 불가능에 가깝다. 그러나 혼자서는 무리여도 두 명 이상이 연계하며 수비하면 아무리 강력한 선수라도 봉쇄할 수 있다.

상대 팀에 마치 메시나 로벤을 연상시키는 강력한 공격력을 지닌 드리블러가 있어서 완전히 압도당한 적이 있는 사람도 많을 것이다. 능력이 뛰어난 선수를 1대1로 마크하면 이곳이 무너지면서 이를 계기로 팀 전체가 수동적이 되어버릴 수도 있다. 그럴 때의 대처법에는 몇 가지가 있다.

첫째는 그 선수에게 공이 가지 못하게 하는 방법이다. 그 선수에게 패스를 공급하는 선수를 압박해 패스를 봉쇄하는 것이다. 공을 가지고 있지 않은 선수는 두렵지 않다. 또 패스가 연결되더라도 그 선수가 자신 있게 플레이하는 지역에서는 가급적 드리블하지 못하게 하자.

둘째는 한 명이 아니라 두 명이 연계해 수비하는 방법이다. 가령 메시가 상대라면 그는 오른쪽 측면에서 공을 가지고 왼쪽으로 제치는 드리블이 특기이므로 세로 코스에 한 명을 세우고 중앙으로 가도록 유도한 다음 두 번째 선수가 공을 빼앗으러 간다. 두 명이 동시에 달려들면 한꺼번에 돌파당할 때도 있으므로 '2단 블록'을 만든다는 느낌으로 수비하자.

3포인트 레슨

1. 뛰어난 선수를 혼자서 막겠다는 생각은 버리자!

2. 패스의 공급원에 압박을 가해 고립시키자!

3. 1대2의 상황을 만들고 상대를 유인해 공을 빼앗자!

그림으로 확인하는 전술적 포인트

 자신의 마크를 버리고 2대1을 만든다

한 명을 두 명이 수비할 때는 커버링 포지션을 어디에 잡느냐가 중요하다. 원칙은 대각선 뒤쪽이지만, 상대의 특징에 따라서는 위치를 바꿀 필요도 있다. 메시나 로벤처럼 오른쪽 측면에서 플레이할 때가 많은 왼발잡이 드리블러의 경우에는 중앙으로 공을 몰고 들어오는 것이 가장 무서운 플레이다. 그럴 때는 공에 달려드는 첫 번째 선수가 세로 코스를 차단하면서 수비하고 두 번째 선수가 안쪽 방향에 서 있다가 상대가 컷인하면 두 명이 협공한다.

드리블이 장기인 선수에게 패스가 온다.

강력한 드리블러에게는 2대1로 대처한다.

☞ 축구 박사가 밝히는 비밀의 전술

강력한 공격수를 억제하려면?

강력한 공격수를 억제하려면 대인 방어의 밀착 마크가 효과적이다. 그 선수를 게임에서 배제해버리는 것이다. 1974년 월드컵에서 네덜란드의 크루이프를 마크한 동독의 콘라드 바이제는 크루이프가 피치 밖에서 스파이크를 바꿔 신는 동안에도 터치라인에 서서 기다릴 정도였다. 이른바 '화장실까지 따라가는' 밀착 마크. 그러나 이 경기는 크루이프가 미끼 역할을 함으로써 네덜란드가 2:0으로 승리했다. 1대1로 밀착 마크하면 그 선수가 플레이하지 못하게 할 수는 있을지 모르지만, 결국은 나머지 10대10의 승부에서 이겨야 한다.

수비 | *Discipline*

Question: 45 전방에서부터 압박하는 법

> 그렇구나!

높은 위치에서 공을 빼앗으면 재빨리 공격으로 전환할 수 있다. 포워드가 골문 앞에서 공을 빼앗으면 이는 곧 슛 기회로 이어진다. 적극적인 연계 수비로 상대 수비수로부터 공을 빼앗자.

> 수비에서 기회가 만들어지는구나. 포워드라고 해서 공격만 해서는 안 되는 의미를 아이들에게 가르쳐줘야겠어.

포워드가 상대 센터백을 혼자서 압박하러 간다고 가정하자. 포워드가 압박을 가할 때는 먼저 후방의 상황을 확인해야 한다. 혼자서 압박을 가하러 가도 패스를 돌리면 닭 쫓던 개 신세가 되어버릴 뿐이다. 자신이 압박을 가서 상대가 패스를 돌렸을 때 공을 받은 선수에게 압박을 가할 동료가 필요하다.

동료를 확인했으면 센터백에게 다가간다. 이때 패스 방향을 한정하는 것이 중요하다. 자신의 왼쪽 방향으로 패스를 한정하려면 오른쪽 방향에 벽을 만든다는 느낌으로 패스를 하지 못하도록 접근한다. 이렇게 하면 후방의 동료가 다음 패스를 읽을 수 있다.

패스 코스를 읽었으면 두 번째 포워드가 패스가 향할 곳으로 재빨리 달려간다. 이때 상대 선수가 자신과 교대하듯이 배후로 달려들 위험은 거의 없다. 그곳에는 동료 미드필더가 있기 때문이다. 적진에서의 압박은 배후를 돌파당할 위험이 적으므로 자신의 진영에서보다 과감하게 달려들 수 있다. 공을 빼앗으면 바로 기회이므로 적극적으로 공을 노리자.

《 3포인트 레슨 》

1. 주위에 동료가 있는지 먼저 확인하자!

2. 압박으로 패스 코스를 한정한다!

3. 두 번째 선수는 과감하게 달려들어 압박하자!

그림으로 확인하는 전술적 포인트

CLOSE-UP 1 슬쩍 배후를 확인한다

포워드가 상대 수비수에게 압박을 가할 때는 배후에 동료가 어느 위치에 있는지 슬쩍 확인한다. 연계 플레이를 할 수 있는 위치에 동료가 없으면 혼자서 압박을 가하러 가기보다 세로 패스 코스를 막으면서 차분하게 대응한다.

포워드가 압박을 갈 때는 후방을 슬쩍 확인한다.

CLOSE-UP 2 패스 코스를 한정하며 압박한다

압박을 가할 경우 패스 코스를 한정한다. 좌우 중 어느 한 쪽 코스를 막음으로써 패스가 어느 쪽으로 갈지 동료가 예측할 수 있게 한다. 패스 코스를 읽은 두 번째 포워드는 과감하게 압박을 간다. 배후를 돌파당할 우려는 거의 없으므로 공을 빼앗기 위해 재빨리 압박하자.

패스 방향을 한정하며 압박하고 두 번째 포워드가 공을 노린다.

축구 박사가 밝히는 비밀의 전술

네덜란드의 공 사냥

1974년 월드컵의 네덜란드는 압박 전법으로 유명해졌다. 물론 이 당시의 압박 전법은 현대의 지역 수비 방식과는 다른 모습이었다. 압박은 말하자면 위기를 역이용하고자 하는 용도였다. 상대가 자유로워졌을 때 누군가가 자신의 마크를 버리고 압박을 가하는데, 먼 곳에서 공을 향해 달려오므로 돌파당할 위험도 있다. 그래서 주위의 선수들도 마크를 차례차례 동료에게 인계하면서 공을 향해 달려들고, 인원이 부족한 수비 라인은 위로 올라와 오프사이드 트랩을 거는 식이었다. 요컨대 위기를 역이용하는 수비법이었던 것이다.

| 수비 | Discipline |

Question: 46 공수 전환의 비결

> 그렇구나!

공을 빼앗겨도 재빨리 수비 태세로 전환하면 상대가 공격을 오기 전에 빼앗을 수 있다. 공격에서 수비로 전환이 늦어지면 위기를 초래하므로 주의하자!

> 생각해보니 공을 빼앗기면 실망하고 포기하는 선수가 많아. 수비는 그때부터가 시작인데 말이야.

공격을 하다가 공을 빼앗긴 이후는 축구에서 가장 실점의 위험이 큰 장면이다. 공격 중에는 풀백이 위로 올라오거나 중앙의 선수가 측면으로 치우치는 등 포지션 균형이 무너지기 때문이다. 그러나 재빨리 수비로 전환하면 짧은 시간에 공과 공격권을 되찾아올 수 있다.

먼저 중요한 일은 공을 빼앗겼을 때 실망만 하거나 동료를 탓하며 집중력을 잃지 않는 것이다. 의식 전환이 늦은 선수가 한 명이라도 있으면 팀 전체에 악영향을 끼친다. 공을 빼앗긴 선수는 즉시 수비로 전환해 공을 향해 달려간다. 그리고 후방의 선수는 압박을 가해야 할 상대를 자신의 '앞'에 둔다. 패스를 받은 상대를 뒤쪽이나 옆에서 압박하기보다 앞을 향한 상태에서 압박하는 편이 공을 빼앗기 수월하기 때문이다.

바르셀로나가 지금 실천하고 있는 수비 방법이 바로 이것이다. 공을 빼앗기면 즉시 되찾아오기 때문에 그렇게 긴 시간 동안 공격할 수 있는 것이다.

⟪ 3포인트 레슨 ⟫

1. 공을 빼앗기면 즉시 수비로 전환하자!

2. 자신이 압박을 가할 상대를 앞에 두자!

3. 즉시 공을 되찾을 수 있으면 공격 시간이 늘어난다!

그림으로 확인하는 전술적 포인트

 즉시 공을 되찾으러 간다

전방에서 패스를 하려다 상대 수비수에게 가로채기를 당한 장면이다. 먼저 중요한 일은 공을 빼앗긴 선수가 재빨리 수비로 전환해 압박을 가하는 것이다. 첫 번째 선수가 확실히 압박을 가하면 상대는 공을 즉시 앞으로 전달하지 못하며, 그 결과 동료 선수가 포지션을 수정할 시간을 벌 수 있다. 공의 후방에 있는 선수는 자신이 압박을 가할 상대와 공을 동시에 시야에 둘 수 있는 위치를 잡는다. 다만 상대에게 너무 접근하지 않도록 주의하자. 마크하는 상대와 너무 거리가 가까우면 자신의 배후를 돌파당할 위험성이 있으므로 조심하기 바란다.

축구 박사가 밝히는 비밀의 전술

후방에서 대기하는 부스케츠가 압박의 열쇠

바르셀로나는 공을 빼앗긴 뒤의 공수 전환 속도가 매우 빠르다. 이것은 공격하고 있을 때도 수비를 준비하는 선수가 있기 때문이다. 수비형 미드필더인 부스케츠는 동료가 공격하고 있을 때 공의 후방에 있는 경우가 많다. 후방에서 공을 맡길 곳이 되는 동시에 동료가 공을 빼앗겼을 때 공이 어디로 갈지 예측해 그 선수를 자신의 전방에 둔다. 그리고 공수가 전환된 순간에는 노리고 있던 선수에게 공이 도달하기 전에 재빨리 거리를 좁힌다. 동료가 공격할 때는 그다지 움직이지 않고 후방에서 대기함으로써 수비할 때 재빨리 움직일 수 있는 것이다.

수비 — *Discipline*

Question:

47 골문 앞까지 밀렸을 때의 수비법

그렇구나!

상대 팀의 파상 공세에 맞서 골문을 굳게 지키려면 한 사람 한 사람이 수비의 우선순위를 정리해야 한다. 이렇게 할 수 있으면 자신보다 강한 팀에도 쉽게 패하지는 않을 것이다.

난 우리 진영에서 상대 팀이 마음대로 활개 치는 꼴을 못 보는 성격이야. 빨리 공을 빼앗아버리자고!

상대 팀 선수가 자신들보다 실력이 뛰어나 공을 빼앗을 수 없을 때나 지쳐서 라인을 올릴 체력이 없을 때는 수비 라인이 자신의 골문 근처까지 내려오기도 한다. 이른바 '골문 앞까지 밀린 상태'다.

자신의 진영으로 물러나 수비할 때도 수비의 기본은 다른 때와 다름없이 챌린지&커버다. 다만 골문까지의 거리가 30미터 이내라면 슈팅이 가능한 지역이므로 공에 늦게 접근하거나 위치 선정을 실수하면 실점으로 직결된다. 가장 실점 확률이 높은 곳은 페널티 에어리어 주변의 중앙 지역이다. 이곳에서 공을 가진 상대 선수를 방치하면 중거리 슛이나 스루패스, 월패스 등 선택지가 다양해지기 때문에 수비가 공격을 예측하기 어려워 점수를 허용한다.

골문 앞까지 밀렸을 때의 원칙은 먼저 중앙을 굳게 지키는 것이다. 측면으로 패스가 연결되더라도 중앙에 비해 위험도가 낮으므로 공을 빼앗으러 가지 말고 포지션을 수정하면서 수비하자.

3포인트 레슨

1. 수비의 기본 원칙은 변함없이 챌린지&커버!

2. 자기 진영의 골대 앞에서는 절대로 상대를 자유롭게 풀어주지 말자!

3. 측면보다 중앙을 우선적으로 지키자!

그림으로 확인하는 전술적 포인트

 중앙 지역을 우선적으로 수비한다

자기 진영의 골문에서 30미터 정도의 거리에서는 중앙 지역을 우선해서 수비하자. 직접 슛을 할 수 있는 지역은 골문을 중심으로 대략 좌우 45도 각도까지다. 측면에 패스가 연결되더라도 그곳에서 직접 슛을 할 가능성은 거의 없다. 측면으로 간 공을 빼앗으러 갔다가 돌파당하면 골문 앞을 지킬 인원이 부족해지므로 중앙을 굳게 지키는 편이 낫다. 또 중앙의 경우 적어도 한 명은 공을 가진 선수에게 접근해야 한다. 이곳에서 공을 가진 선수를 자유롭게 풀어주면 중거리 슛을 허용할 가능성이 높다.

골로 이어질 가능성이 높은 페널티 에어리어의 중앙을 우선적으로 지킨다.

측면으로 패스가 연결되어도 위험도는 낮으므로 포지션을 수정하며 수비한다.

👉 축구 박사가 밝히는 비밀의 전술

카테나치오와 1:0의 미학

이탈리아어로 '빗장을 건다'라는 의미인 카테나치오는 이탈리아의 탄탄한 수비를 상징한다. 이탈리아는 수비에 자신이 있기 때문에 일부러 깊게 물러나 상대를 유인한 다음 공을 빼앗아 역습으로 점수를 올리는 전법을 즐겨 썼다. 현재는 그렇게까지 수비적이지는 않지만, 1:0(우노, 제로) 승리를 이상적으로 여기는 전통이 있다. 2009-2010시즌 챔피언스리그 준결승에서는 이탈리아의 인테르가 카테나치오식 전법으로 스페인의 바르셀로나를 제압했다. 다만 스코어는 1:0이 아니라 홈경기에서는 3:1, 원정 경기에서는 0:1이었다.

수비 — Discipline

Question:

48 지역 방어의 마크 인계

그렇구나!

골문 앞에서 마크 인계가 잘못되면 치명적이지. 서로에게 말을 걸면서 자신이 마크할 선수를 항상 확인해야 해.

지역 방어의 기본은 자신의 지역에 있는 상대를 마크하고 상대가 다른 지역으로 이동하면 마크를 인계하는 것이다. 마크를 인계하는 타이밍과 인계해서는 안 되는 상황을 알아두자.

두 가지 예를 통해 지역 방어를 할 때 센터백 간의 마크 인계를 설명하겠다.

자신의 진영 왼쪽 측면에서 상대 팀 포워드가 공을 가지고 있다고 가정하자. 중앙을 지키는 선수는 두 명으로, 공이 있는 쪽에 위치한 센터백 A와 반대쪽 측면에 있는 B다. 그런데 A의 담당 지역에 있던 상대 포워드가 센터백 B의 담당 지역으로 이동했다. 그러면 이때는 마크를 인계한다. A가 B에게 "마크를 넘길게!"라고 외치면 포워드를 자유롭게 풀어주지 않고 마크를 인계할 수 있을 것이다.

문제는 다음과 같은 경우다. 같은 상황에서 센터백 B의 담당 지역에 있던 포워드가 A의 등 뒤로 달려들었을 경우에는 어떻게 해야 할까? 이 경우 B는 마크를 인계하지 않고 그 포워드를 계속 마크해야 한다. A는 공을 가지고 있는 선수를 주시하고 있어 등 뒤에 있는 포워드의 움직임을 알 수 없기 때문이다. 따라서 움직임을 볼 수 있는 B가 마크를 인계하지 않고 그 포워드를 계속 마크해야 한다.

상대 선수가 한 지역에서 다른 지역으로 이동할 때, 이동 지역을 담당하는 수비수가 그 선수를 볼 수 있다면 마크를 인계한다. 그러나 보이지 않는다면 인계하지 않는 편이 더 안전하다.

3포인트 레슨

1. 상대 선수가 한 지역에서 다른 지역으로 이동하면 마크를 인계한다!

2. 단 이동 지역을 담당하는 수비수의 시야에 상대가 보이지 않을 때는 계속 마크!

3. 마크를 인계받을 동료가 상대를 볼 수 있느냐 없느냐가 포인트!

그림으로 확인하는 전술적 포인트

포워드를 볼 수 있으면 인계한다

포워드가 센터백(A)의 담당 지역에서 다른 센터백(B)의 담당 지역으로 이동하면 A는 B에게 "마크를 넘길게!"와 같은 말을 외치며 마크를 인계한다. 이때 마크를 인계받는 B의 눈에는 포워드가 보인다.

B가 볼 수 있는 위치에서 포워드가 B의 담당 지역으로 이동하면 마크를 인계한다.

포워드를 볼 수 없으면 인계하지 않는다

B의 담당 지역에 있던 포워드가 A의 배후로 달려들었을 때 A에게는 그 포워드의 움직임이 보이지 않는다. B가 따라가지 않으면 포워드는 자유로운 상태가 된다. 이 경우에는 B가 그 포워드를 계속 마크한다. 그리고 이제 패스가 오지 않는다고 판단되면 자신의 지역으로 돌아가 포워드의 위치를 오프사이드 포지션으로 만든다.

A는 포워드의 움직임이 보이지 않는다.
B는 마크를 인계하지 않고 계속 마크한다.

🖐 축구 박사가 밝히는 비밀의 전술

밀란의 라인 컨트롤

압박 전술을 유명하게 만든 1990년대의 밀란은 공격측이 자유롭게 드리블하는 경우, 즉 압박이 실패했을 때의 대응도 매뉴얼화했다. 먼저 드리블하는 선수와 3미터 정도 거리를 두며 후퇴한다. 다음에는 후퇴하면서 라인을 정비해 라인 뒤쪽을 오프사이드 지역으로 만듦으로써 상대 팀 선수가 라인 뒤쪽으로 달려들지 못하도록 제한한다. 그러나 단순히 후퇴만 해서는 슛을 허용하게 되므로 페널티 에어리어에 가까워지면 후퇴를 멈추고 드리블하는 선수에게 달려든다. 이때는 두세 명이 상대를 포위해 드리블도 패스도 할 수 없게 만들었다.

수비 — Discipline

Question 49: 페널티 에어리어 안에서의 수비 방법

골문 앞에서 혼전이 벌어지면 항상 힘에서 밀려. 컴퓨터 게임에서는 수비수도 잘 조종하는데…

페널티 에어리어 안은 골과 직결되는 슈팅 지역으로서 수비 측에 가장 중요한 포인트다. 이 지역에서는 슛을 허용하지 않는 것이 최우선 과제이므로 대인 방어를 하자.

페널티 에어리어 바깥에서는 지역 수비를 하는 팀도 페널티 에어리어 안에서는 대인 방어로 전환하는 경우가 많다. 페널티 에어리어 안에서는 마크를 풀면 곧바로 슛을 허용해 실점으로 이어질 위험성이 높다. 슛을 허용하지 않으려면 지역 방어보다 대인 방어가 좋으므로 이를 실천하는 것이다.

원래 지역 방어는 자신의 배후로 돌파당하거나 패스를 허용하지 않기 위한 수비 방법이므로 공을 가지고 있지 않은 선수는 지역 밖에서는 비교적 자유롭게 플레이할 수 있다. 그러나 페널티 에어리어 안에서 같은 상황을 만들어 주면 슛으로 직결될 우려가 있으므로 대인 방어로 '사람'을 철저히 마크해 자유롭게 공을 받지 못하게 하는 것이다.

공이 페널티 에어리어 앞쪽의 라인을 넘어 깊은 위치까지 진출하면 "맨투맨(대인 방어)!"이라고 소리치고 선수에게 달라붙는다. 눈앞의 상대를 재빨리 마크하는 것이 기본이지만, 상대 중에 키가 큰 선수가 있으면 공중전에 강한 선수가 마크해 미스매치가 발생하지 않도록 한다.

3포인트 레슨

1. 보통은 지역 방어를 하다가도 페널티 에어리어 안에서는 대인 방어!

2. 슛을 허용하지 않는 것을 최우선 과제로 삼으며 수비하자!

3. 미스매치가 발생하지 않도록 주의하자!

그림으로 확인하는 전술적 포인트

 페널티 에어리어 밖에서는 지역 방어

오른쪽 측면에서 공을 가진 선수에 대해 지역 방어를 하고 있을 때는 공에 접근하는 선수를 기준으로 다른 선수가 대각선 뒤쪽에 커버링 포지션을 잡으면서 수비한다. 수비 라인을 갖춰 배후의 공간을 오프사이드 지역으로 만드는 것이 목적이다.

페널티 에어리어 밖에서는 지역 방어를 해도…

CLOSE-UP 2 페널티 에어리어 안에서는 대인 방어

공이 페널티 에어리어를 넘어선 위치까지 오면 대인 방어로 전환해 선수를 마크한다. 페널티 에어리어 안에서는 잠깐이라도 상대를 자유롭게 만들면 위험하므로 대인 방어로 마크하는 편이 낫다는 발상이다.

페널티 에어리어 안에서는 대인 방어로 전환한다.

☞ 축구 박사가 밝히는 비밀의 전술

일본이 범했던 오류

2011년 아시안컵 한국과 일본의 경기에서 일본은 2:1 리드를 지키지 못하고 한국에게 연장전 막판 동점골을 허용했던 적이 있다. 이때 일본은 수비 라인을 지나치게 내렸다. 한국의 하이크로스 공격에 대해 일본은 수비수를 다섯 명으로 늘려 수비했는데, 그 결과 중원의 인원이 부족해 기껏 크로스를 클리어해도 세컨드볼을 잡지 못했다. 지키겠다는 의식이 강해지면 아무래도 인원을 늘려 수비하고 싶어지는데, 페널티 에어리어 안을 수비하는 선수가 너무 많으면 세컨드볼도 자신의 진영과 가까운 곳에 떨어져 오히려 위험한 상황을 초래한다.

수비 Discipline

Question:
50 반격을 할 때 플레이의 우선순위

그렇구나!

공을 빼앗은 뒤에 아무 생각 없이 근처에 있는 동료에게 패스하지는 않는가? 결정적인 기회로 연결하려면 상대의 공을 빼앗은 뒤에 어떤 플레이를 우선해야 할지 알아두자.

> 공을 빼앗아 역습하는 건 내가 좋아하는 플레이야. 허둥지둥 되돌아가는 상대가 더욱 혼란에 빠지도록 드리블을 해야지!

축구에서 가장 중요한 플레이는 골을 넣는 것이다. 플레이의 우선순위는 슛이 가장 높으며, 그 다음은 슛으로 연결되는 패스, 전방의 동료에게 연결하는 패스, 상대 팀 선수의 수가 적은 곳을 파고드는 패스, 근처의 동료에게 보내는 패스의 순서다. 이것은 수비 선수도 다르지 않다. 다만 수비 라인에서 슛을 노리는 것은 현실적이지 않으므로 슛으로 이어지는 패스가 최우선적인 선택지가 될 것이다.

슛으로 이어지는 패스를 하려면 '멀리' 보는 것이 중요하다. 발재간에 자신이 없는 선수는 공을 가지고 있으면 멀리 차거나 가까운 동료에게 맡기는 등의 플레이를 선택하는 일이 많은데, 일단은 배후를 노린다는 의식을 갖자. 수비 라인은 공이 전방에 있으면 밀고 올라간다. 중원의 선수가 지쳐 있다면 오버래핑을 해도 좋다. 다만 동료가 공을 빼앗길 위험이 있다고 느끼면 라인을 올리지 않는 편이 좋을 것이다.

우선순위는 어디까지나 이론임을 명심하자.

《 3포인트 레슨 》

1. 축구에서 가장 중요한 플레이는 골을 넣는 것이다!

2. 공을 가지고 있으면 멀리 보는 습관을 들이자!

3. 공을 빼앗았으면 라인을 끌어올리자!

그림으로 확인하는 전술적 포인트

 공을 빼앗았으면 먼저 배후를 노린다

상대에게서 공을 빼앗았으면 먼저 배후를 노린다. 그것이 골로 연결될 확률이 가장 높은 패스이기 때문이다. 포워드는 수비 라인의 배후를 항상 노리는 것이 중요하다. 슛으로 연결되는 패스가 무리라면 전방의 동료에게 패스한다. 그것도 어렵다면 근처에 있는 동료에게 패스하자.

공을 빼앗았을 때는 슛으로 직결되는 패스 코스 ①을 최우선으로 선택하고, 그 다음에 근처의 동료에게 연결하는 패스 ②를 선택한다.

축구 박사가 밝히는 비밀의 전술

피케의 고속 측면 전환

바르셀로나의 피케는 오른쪽 센터백을 담당할 때가 많은데, 여기에서 왼쪽 터치라인 근처에 있는 동료에게 롱패스를 보내는 실력이 출중하다. 패스 한 번으로 측면을 전환할 수 있으면 수비가 옅은 곳을 찌르며 공격할 수 있다. 측면 전환 패스는 정확성이 가장 중요하지만, 속도가 빠른 공을 차서 상대에게 포지션을 수정할 시간을 주지 않는 것도 중요하다. 피케는 측면 전환을 할 때 동료의 가슴을 노리고 라이너성 패스를 하므로 가로채기를 당할 위험성도 낮다. 오른쪽 센터백은 오른발로 왼쪽 측면을 향해, 왼쪽 센터백은 왼발로 오른쪽 측면을 향해 차면 패스를 받기가 수월하다.

칼럼 : 04

고금의 축구 전술 이야기 -다섯 시스템의 시대-

1980~1990년대
: 밀란이 일으킨 전술상의 혁명

1980년대에는 지역 방어에 따른 포백이 발달했다. 남아메리카에서는 전통적으로 브라질 등이 포백 지역 방어를 채용했으며, 유럽에서는 벨기에가 성공했고 북유럽과 영국에서도 지역 방어가 정착했다. 한편 기존의 대인 방어를 바탕으로 한 수비도 발달해, 투톱을 채용하는 팀이 많다는 점에 착안해서 수비수를 한 명 더 많이 두는 3-5-2 시스템이 유행했다. 이탈리아는 전통적으로 대인 방어를 하는 나라였지만 AC 밀란이 1980년대 말에 아리고 사키 감독의 지휘 아래 지역 방어를 통한 압박 전술을 완성했다. 밀란의 압박은 전술사를 뒤바꾼 사건으로, 축구 시스템을 밀란 이전과 이후로 나눌 수 있을 정도다.

밀란 이전의 수비는 대인 방어가 기본이었다. 4-2-4, 4-3-3으로 변화한 듯이 보이지만 상대에게 마크를 붙이고 리베로를 남긴다는 원칙은 변함이 없었다. 상대에 맞춰 포지션을 바꿨기 때문에 정해진 시스템 같은 것은 없는 듯이 보였지만, 밀란 이후에는 지역 방어가 확립되어 포지션의 변화가 적어졌다. 또 수비진이 촘촘해지고 수비 범위를 스스로 제한하게 된 것도 큰 차이다. 이전에는 사람을 상대로 수비했기 때문에 피치 전역이 수비 범위였다. 수비의 개념이 완전히 바뀐 것이다.

STAGE_05
스테이지

| Tactics : 팀 전술 |
| 시스템 |
| [*System*] |

시스템 **System**

Question:

51 시스템과 포메이션의 차이

그렇구나!

선수의 특성을 파악해 시스템을 구축해야 하는지, 시스템에 선수를 맞춰야 하는지는 의견이 분분한 문제지.

'시스템'과 '포메이션'이라는 용어는 혼동하기 쉽지만 사실 의미가 다르다. 전술을 좀 더 깊이 이해하기 위해서라도 이 용어의 진짜 의미를 알아두자.

어떤 플레이를 하기 위한 방법이 '시스템'이라고 하면, 4-4-2나 4-3-3 같은 선수의 배치는 '포메이션'에 불과하다.

1980년대까지의 전술 변화는 주로 포메이션의 변화였다. 포워드 세 명에 맞서 쓰리백으로 수비하게 된 것이 WM이었다. 그러다 이윽고 커버링백(리베로)이 고안되고, 상대의 쓰리톱에 대항하는 포백과 투톱의 등장에 따른 쓰리백으로 변화했다. 그러나 수비 시스템은 대인 방어로 마크하고 리베로가 남는다는 점에서 변화가 없었다. 극단적으로 말하면 "시스템은 달라지지 않았다"라고도 할 수 있다.

예를 들어 1982년 월드컵 결승전은 이탈리아 대 서독이었다. 서독의 시스템은 4-3-3으로 알려져 있었다. 그런데 4-4-2인 이탈리아에 대인 방어로 대응한 결과 3-4-3이 되었다. 이것은 서독이 3-4-3으로 플레이한 것이 아니라 상대에 맞춰 포메이션만 바꿨을 뿐이다.

3포인트 레슨

1. 시스템은 플레이를 하기 위한 방법이다!

2. 포메이션은 숫자로 나타낸 선수의 배치다!

3. 대인 방어를 할 때는 포메이션이 변화한다!

그림으로 확인하는 전술적 포인트

 포메이션은 상대에 맞춘다

서독(흰색 유니폼)의 시스템은 포지션상으로는 4-3-3이었지만, 4-4-2인 이탈리아에 대인 방어로 대응한 결과 3-4-3이 되었다. 대인 방어를 하면서 리베로를 통해 수비의 수적 우위를 확보하는 시스템에서는 포메이션이 상대에 따라 변한다. 즉 대인 방어를 할 때 '포메이션을 정하는 것은 공격 측'이라는 말이다. 수비하는 쪽은 마크를 해야 하므로 포메이션을 상대에 맞춰 바꾼다.

👉 축구 박사가 밝히는 비밀의 전술

전술을 바꾼 밀란

축구 시스템은 투백에서 WM형, 4-2-4, 4-3-3…으로 변화했는데, 전술상 가장 커다란 변화를 가져온 팀은 1980년대 말의 밀란이다. 밀란의 등장 이전과 이후로 나눠도 될 정도가 아닐까? 밀란 이전에는 대인 방어가 수비의 기본이었던 데 비해 밀란 이후에는 지역 방어 중심이 되었기 때문이다. 지역 방어로 간격을 좁히고 지키는 범위를 한정하는 전술이 확립된 것은 밀란 이후다. 미드필더와 수비수로 몇 명씩 배치하느냐는 기존의 변화는 이에 비하면 큰 변화라고 할 수 없다. 밀란의 등장으로 축구가 달라진 것이다.

121

시스템　　System

Question: 52 현대 시스템의 원점

현대 축구에서는 팀 전체를 '촘촘한' 상태로 만들고 압박을 가하는 것이 당연해졌다. 그렇다면 이런 시스템은 언제부터 시작되었을까?

> 그렇구나!
> 촘촘한 수비를 흔드는 것이 내 역할이야. 개인이 조직을 무너뜨릴 수 있는 것도 축구의 묘미지.

포메이션이 아니라 시스템(플레이 스타일)이 크게 달라진 시기는 1980년대에 아리고 사키가 밀란의 감독으로 취임한 뒤다. 밀란은 지역 방어와 압박을 조합한 수비 전술을 확립했다. 그때까지는 '사람'을 수비했는데 '장소'를 중시하게 된 것이다. '누구'가 아니라 '어디'를 지킬 것이냐다.

밀란 이전에는 '사람'을 수비했기 때문에 그 사람이 움직이면 어디라도 쫓아갔다. 따라서 피치 전체가 수비 범위였다. 그런데 밀란 이후에는 수비할 '장소'를 정하고 나아가 그 범위를 좁혔기 때문에 수비 범위가 포워드부터 수비수까지 세로로 40미터 정도로 좁아졌다. 세로 40미터 이내의 범위에서 공에 대한 챌린지&커버의 연계를 높임으로써 공격 측으로부터 '시간'과 '공간'을 빼앗았다.

밀란의 포메이션은 상대를 마크한 결과가 아니라 처음부터 포지션을 분담한 결과다. 그리고 이것이 현대 축구의 시작이었다.

3포인트 레슨

1. 밀란이 축구를 바꿨다!

2. 밀란 이전에는 피치 전체가 수비 범위였다!

3. 밀란 이후에는 수비 범위가 좁아졌다!

그림으로 확인하는 전술적 포인트

 세로는 짧게, 가로는 폭넓게 활용한다

4-4-2를 기반으로 한 밀란의 포메이션이다. 위(포워드)에서 아래(수비수)까지의 거리를 40미터 정도로 유지해 플레이 지역을 좁힌 것이 특징이다. 당시 사키 감독은 '숏&와이드'가 포지셔닝의 기본이라고 말했다. 세로는 짧게, 가로는 폭넓게라는 의미다. 자신들이 플레이하는 피치를 좁게 만듦으로써 선수와 선수의 거리가 가까워져 챌린지&커버링을 쉽게 한다. 이것이 밀란이 자랑한 수비 전술인 압박의 근간이 되었다.

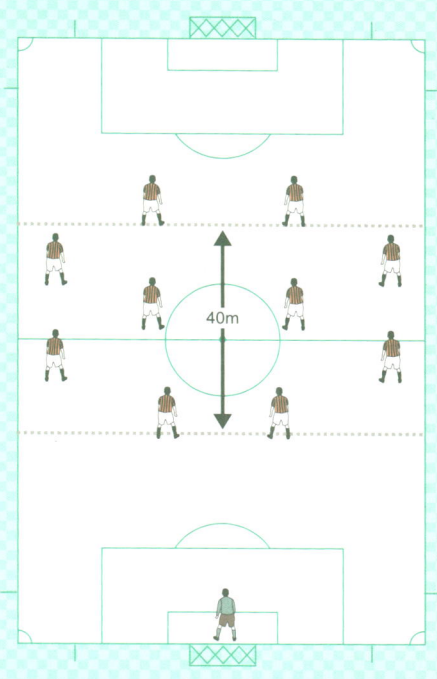

👉 축구 박사가 밝히는 비밀의 전술

아르헨티나의 전통인 엔간체(enganche)

미드필더를 다이아몬드 모양으로 배치한 4-4-2에서는 공격형 미드필더가 공격의 열쇠다. 아르헨티나에서는 이 포지션을 엔간체('10번'으로 일컬어지는 플레이메이커)라고 부른다. 양복걸이라는 의미인데, 미드필더와 포워드 사이에서 패스를 받아 공격의 기점이 되는 데서 유래한 듯하다. 2006년 월드컵의 리켈메는 전형적인 엔간체였다. 좁은 지역에서 상대를 제치고 수비수를 유인한 뒤 포워드에게 최종 패스를 공급하는 능력과 위력적인 중거리 슛이 요구되는 포지션이다. 아르헨티나는 리켈메 외에도 마라도나와 메시 등 수많은 뛰어난 엔간체를 배출했다.

시스템 System

Question:

53 압박을 하는 법

> 그렇구나!

> 축구를 하면서 축구 상식도 모르는 녀석이 너무 많아! 이런 건 반드시 알아야 하는 최소한의 상식이잖아!

최근 들어 '압박'이라는 말이 당연한 듯 쓰이고 있다. 그러나 압박은 단순히 공을 향해 달려가기만 하면 되는 것이 아니다. 압박이 성립하기 위한 세 가지 중요한 요소가 있다.

밀란의 압박 전술은 공에 대한 압박과 커버링, 그리고 수비 라인의 라인 컨트롤이 한 세트로 기능했다. 공에 압박을 가할 때는 수비 라인을 끌어올려 라인 뒤쪽을 오프사이드 지역으로 만든다. 압박이 충분하지 않으면 포워드와의 거리를 2미터 정도 벌려 롱패스가 후방으로 연결되지 못하게 하지만, 압박이 충분하면 즉시 다시 라인을 끌어올린다. 공에 대한 압박의 정도에 따라 라인을 세심하게 올리고 내림으로써 포워드로부터 수비수까지의 거리를 40미터 정도로 유지해 중원에서 압박을 가하기 쉽게 만든 것이다.

같은 4-4-2라도 중원에 평행하게 늘어선 형태와 다이아몬드 형태, 4-2-2-2의 박스형이 있으며 각각 압박을 가하는 방식과 커버링 방식이 미묘하게 다르지만 그 원칙은 같다.

포메이션에 상관없이 압박은 공에 대한 압박과 대각선 뒤쪽의 커버링, 수비 라인의 조정이 한 세트를 이룬다.

《 3포인트 레슨 》

1. 공에 대해 철저히 압박을 가하자!

2. 공의 위치에 맞춰 커버링을 한다!

3. 압박 상황에 맞춰 라인을 세심하게 조정한다!

그림으로 확인하는 전술적 포인트

 압박, 커버링, 라인 컨트롤

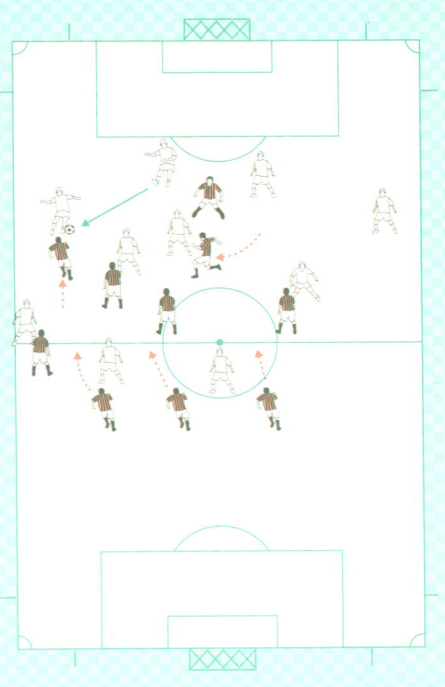

밀란이 실제로 구사했던 압박 방법이다. 공과 가까운 위치에 있는 선수가 공(을 가지고 있는 선수)에 압박을 가하고, 다른 선수는 공이 있는 방향으로 포지션을 이동하면서 커버링을 계속한다. 또 이와 동시에 세로로 롱패스가 올 가능성이 없다면 재빨리 수비 라인을 끌어올려 배후를 오프사이드 지역으로 만든다. 충분히 압박을 가하고 있을 때는 밀란의 수비 라인이 하프라인 가까이 올라오기도 했다.

👉 축구 박사가 밝히는 비밀의 전술

측면 미드필더에게 많은 운동량을 요구하는 잉글랜드식

4-4-2를 유명하게 만든 나라는 1966년 월드컵에서 우승한 잉글랜드였다. 잉글랜드는 4-3-3에서 포워드를 한 명 줄여 투톱으로 만들고 미드필더와 수비수 사이에 한 명을 늘려 수비를 강화했다. 터치라인 근처에 자리를 잡은 윙 플레이어가 없기 때문에 측면 공격은 미드필더가 담당한다. 이 때문에 측면 미드필더에게는 윙 플레이어로서의 능력과 함께 세로 방향으로 오르내리며 역동적으로 활동할 수 있는 운동량이 요구되었다. 이후 미드필더가 가로로 나란히 서는 형태의 4-4-2가 유행했고, 잉글랜드 국내의 거의 모든 클럽이 이 시스템을 채용했다.

시스템 System

Question: 54 브라질식 수적 우위 확보법

그렇구나!

1994년 월드컵에서 우승한 브라질은 경기 도중에 포백도 되었다가 쓰리백도 되는 시스템을 사용했다. 여기에서는 변동형 시스템의 메커니즘에 대해 설명한다.

선수의 수만 보면 포워드가 수적 우위를 차지하는 시스템은 거의 없지만, 일단 경기가 시작되면 인원수는 그다지 중요하지 않아.

1994년 월드컵에서 24년 만에 우승컵을 들어 올린 브라질은 4-4-2와 3-5-2를 병용했다. 결승전에서 브라질과 맞붙은 이탈리아는 밀란식 지역 방어 시스템을 사용했는데, 브라질은 대인 방어의 개념을 남겨놓은 독자적인 시스템을 만들어냈다. 중앙에 상대팀 포워드가 한 명뿐이면 브라질은 센터백이 두 명인 4-4-2로 대응한다. 그러나 상대가 중앙에 투톱을 배치하면 센터백을 세 명으로 늘려 3-5-2로 변화했다. 이때 추가되는 센터백은 수비형 미드필더 두 명 중 한 명이 아래로 내려와 담당한다. 그리고 쓰리백이 되었을 때는 풀백이 중원으로 올라간다. 수비형 미드필더와 풀백의 움직임이 반대가 되는 것이다.

이와 같은 시스템을 사용하려면 수비형 미드필더가 센터백을 맡을 수 있는 능력이 되어야 하며 풀백이 중원에서도 플레이할 수 있어야 한다. 한 명이 복수의 포지션을 소화해내면 전술의 폭은 넓어진다.

3포인트 레슨

1. 원톱일 때는 투백으로 수비한다!

2. 투톱일 때는 센터백을 한 명 늘린다!

3. 복수의 포지션을 소화할 수 있으면 전술의 폭이 넓어진다!

그림으로 확인하는 전술적 포인트

포워드의 숫자에 맞춰 시스템을 바꾼다

중앙에 상대 팀 포워드가 한 명뿐일 때는 센터백 두 명이 대응하지만, 상대가 투톱일 경우에는 미드필더가 수비 라인으로 내려와 쓰리백을 만든다. 항상 상대 팀 포워드보다 한 명 더 많은 인원이 수비함으로써 커버링이 쉬워진다. 수비형 미드필더가 내려왔을 때는 그 대신 풀백이 중원으로 올라간다. 브라질이 경기 중에 선수 교체 없이 포메이션을 바꾸는 유동적인 시스템을 구사할 수 있었던 바탕은 복수의 포지션에서 플레이할 수 있는 선수들이었다.

축구 박사가 밝히는 비밀의 전술

모든 포지션이 짝을 이루는 브라질의 전통적 시스템

1994년 월드컵에서 우승한 브라질은 3-5-2와 4-4-2를 대전 상대나 상황에 맞춰 사용하는 시스템이었다. 4-4-2에서 수비형 미드필더 한 명이 내려오고 양쪽 풀백이 올라가면 3-5-2로 변화한다. 그러나 4년 뒤인 1998년에는 4-4-2를 사용했는데, 사실 이쪽이 브라질에 친숙한 시스템이다. 이때의 공격형 미드필더는 히바우두와 레오나르도로, 그들이 측면에서 중앙으로 좁혀 들어오면 풀백이 앞으로 나와 공격에 가담했다. 센터백과 풀백, 수비형 미드필더, 공격형 미드필더, 투톱 등 모든 포지션이 짝을 이루어 균형을 잡기 쉬운 형태다.

시스템 | System

Question:

55 네덜란드식 수적 우위 확보법

그렇구나!

정말 자신 있는 포지션은 어디냐는 질문을 종종 받는데, 역할이 다 달라서 대답하기가 어려워.

수비 인원을 늘리지 않아도 수적 우위를 만들 수 있다. 오히려 포워드를 늘림으로써 중원부터 후방에서 수적 우위 상태를 만드는 네덜란드의 방법을 배워보자.

포메이션의 진보와 수비수의 증원은 거의 궤를 같이한다. WM 시대에는 세 명이었던 수비수가 네 명, 다섯 명으로 늘어났고, 이에 따라 다섯 명이나 되었던 포워드는 네 명, 세 명으로 줄었다. 그런데 이와 정반대의 대응을 한 팀도 있다. 아약스를 중심으로 한 네덜란드다. 또 네덜란드의 방식을 '수입'한 바르셀로나도 그랬다.

네덜란드식 축구는 대인 방어의 개념이 강하게 남은 지역 방어를 구사한다. 다른 나라가 4-3-3에서 4-4-2로 변화했을 때 네덜란드는 이들처럼 포워드를 두 명으로 줄이고 미드필더의 수를 늘린 것이 아니라 수비수의 수를 줄였다.

네덜란드식 축구에서는 수적 우위를 중시한다. 상대가 포백일 경우에는 포워드 두 명이 수비수 네 명을 위로 올라가지 못하게 한다. 풀백을 억제하면 센터백은 중원까지 올라오지 못하므로 중원과 수비 지역에서 두 명의 수적 우위를 만들 수 있다. 상대가 투톱일 때는 3-4-3, 원톱(쓰리톱)일 때는 4-3-3을 사용하는 것이 네덜란드식이다.

3포인트 레슨

1. 네덜란드 축구는 수적 우위를 중시한다!

2. 수적 우위를 만들기 위한 포인트는 윙어다!

3. 풀백이 올라가지 못하도록 억제하면 수적 우위를 확보할 수 있다!

그림으로 확인하는 전술적 포인트

포워드 두 명이 수비수 네 명을 저지한다

풀백이 공격을 하려고 할 때 포워드가 측면의 높은 위치에서 압박을 가하면 풀백은 올라가지 못한다. 또 센터백은 공을 빼앗겼을 때의 리스크가 크기 때문에 중원까지 올라가는 일이 거의 없다. 요컨대 포워드 두 명의 위치에 따라서는 수비수 네 명의 전진을 저지할 수 있다는 말이다. 두 명이 네 명을 저지하면 이론상으로는 중원과 수비 지역에서 한 명씩 수적 우위를 만들 수 있다. 바르셀로나가 측면 높은 위치에 포워드를 배치하는 것이 이러한 이유다.

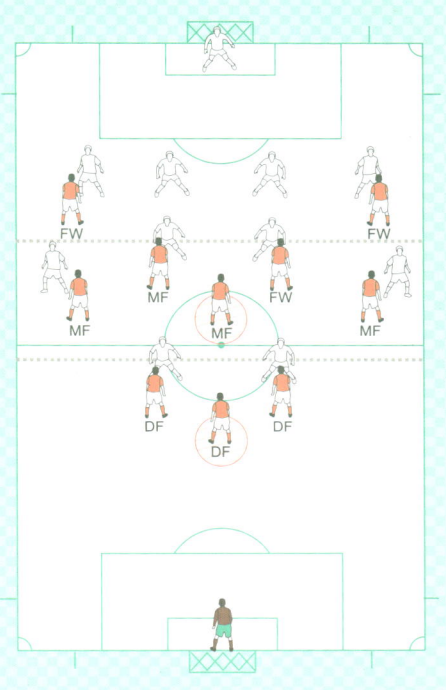

👉 축구 박사가 밝히는 비밀의 전술

메시의 가짜 9번(false nine) 전술

현재 4-3-3을 구사하는 대표적인 팀은 바르셀로나일 것이다. 다만 센터 포워드인 메시는 중원으로 내려와 있을 때가 많아 실질적으로는 센터 포워드가 없는 투톱 형태가 된다. 센터 포워드인 메시가 중원으로 내려오는 데는 상대 팀의 센터백을 유인하려는 목적이 있다. 설령 센터백이 앞으로 나오지 않더라도 중원에서 수적 우위를 살려 패스를 돌릴 수 있다. 그리고 주로 메시와 이니에스타, 사비가 정확도 높은 라스트 패스를 공급한다. 상대 팀으로서는 중원으로 내려온 메시를 마크해도 문제이고 자유롭게 풀어줘도 문제인 골치 아픈 시스템이다.

STAGE_05 팀 전술
시스템 System

Question: 56 그렇구나! 매치업이 어긋났을 때의 대응책

아무리 훌륭한 시스템이라도 피치에서 뛰는 선수가 상대의 변화에 대응하지 않는다면 의미가 없지.

축구의 시스템에는 다양한 패턴이 있는데, 서로의 시스템이 다르면 매치업이 어긋나게 된다. 실제 경기에서 당황하지 않도록 대처법을 기억해두자.

현재 주류를 이루는 포메이션은 4-2-3-1과 4-1-2-3이다. 넓게 보면 양쪽 모두 4-3-3의 일종이다.

4-2-3-1과 4-1-2-3은 포지션이 맞물린다. 4-2-3-1끼리, 4-1-2-3끼리도 매치업이 크게 어긋나지는 않는다. 그러나 4-4-2와 4-3-3은 포지션을 옮기면서 압박을 가해야 한다. 3-5-2와 4-4-2도 포지션이 어긋난다. 모두 지역 방어로 수비할 경우가 많으므로 매치업이 어긋남을 사전에 알고 있다면 그다지 당황하지 않고 대응할 수 있다. 하지만 매치업이 어긋날 경우 어떻게 이동하면서 수비해야 할지 알아둘 필요는 있을 것이다.

예를 들어 바르셀로나는 상대 팀의 포메이션에 대응해 포메이션을 변화시킨다. 공수에서 수적 우위를 만든다는 발상과 시스템은 일관적이지만 포메이션은 변하는 것이다. 바르셀로나에서는 초등학생들도 상대의 포메이션에 맞춰 변화하는 대응법에 익숙하다고 한다.

3포인트 레슨

1. 서로 맞물리는 시스템과 맞물리지 않는 시스템이 있다!

2. 맞물리지 않는 경우는 어떻게 대응할지 결정해두자!

3. 상대에 맞춰 변화시키는 방법도 있다!

그림으로 확인하는 전술적 포인트

 매치업의 구체적인 예

미드필더를 다이아몬드 모양으로 배치한 4-4-2에 대한 4-2-3-1의 매치업 대응 예다. 각 선수가 기본적인 위치에 그대로 서 있으면 매치업이 어긋난다. 기본적으로는 수비 라인에서 한 명의 수적 우위를 만들고 공과 반대쪽 측면의 상대 팀 풀백을 제외한 나머지 선수를 마크한다고 생각하면 될 것이다. 어긋난 매치업을 그대로 방치하는 것은 좋지 않다. 지역 방어라 해도 이런 미세 조정이 필요하다.

☞ 축구 박사가 밝히는 비밀의 전술

균형 잡힌 '수페르 데포르'

4-2-3-1은 현재 많은 팀이 사용하는 시스템인데, 이 시스템이 최초로 확산된 나라는 스페인이었던 것으로 생각된다. 특히 '수페르 데포르'(수페르는 '슈퍼'라는 의미)라고 불린 데포르티보 라코루냐가 유명했다. 데포르티보는 수비가 뛰어난 수비형 미드필더 두 명에 플레이메이커 유형의 공격형 미드필더, 돌파력 있는 윙 플레이어, 득점력 높은 스트라이커 등 선수를 적재적소에 배치했다. 공격할 때는 4-3-3, 수비할 때는 4-5-1이 되는 시스템인데, 이는 경기 상황에 적응하기 쉬운 시스템이기도 하다. 데포르티보는 역습과 점유율 축구가 모두 가능한 팀이었다.

시스템 System

Question: **57** 균형 감각의 중요성

그렇구나!

> 교과서를 읽는 것만 공부가 아니구나. 아이들은 축구를 통해서도 충분히 두뇌를 개발할 수 있을 것 같아.

시스템을 효과적으로 기능시키려면 각 선수가 상황을 읽으며 플레이할 것이 요구된다. 오심 전 일본 대표팀 감독의 훈련 메뉴를 통해 균형 감각의 중요성을 배우자.

이비차 오심 감독이 제프 지바와 일본 대표팀을 이끌었을 때, 두 팀은 모두 똑같은 훈련부터 시작했다. 처음에는 1대1로 시작해, 곧 공격수 한 명, 수비수 두 명으로 바꾼다. 1대2에서는 좀처럼 슛으로 연결하기가 어렵다. 그러면 오심 감독은 "왜 도와주러 안 가지?"라며 주위에 있는 선수들을 재촉했다. 감독의 말에 선수들은 하나 둘 지원에 가담한다. 그러면 이에 질세라 수비 측 선수들도 수비를 도우러 간다. 1대1이 2대2, 4대4로 늘어나는 것이다. 그리고 다섯 번째, 여섯 번째 선수가 가담하려는 타이밍에 오심 감독은 이렇게 말한다.

"그렇게 많이 가면 어떡해?"

축구의 필드 플레이어는 10명이다. 상대 팀의 골대로 8명이 몰려가면 뒤에는 두 명만 남는다. 역습을 당하면 위험한 상태다. 한편 상대 팀의 골문 근처에는 상대 선수를 포함해 10명이 넘는 선수가 있으므로 이 이상 인원을 늘려도 혼잡해질 뿐이다. 동료를 돕는 것도 좋지만, 동시에 균형도 중요하다. 이는 어떤 시스템이든 공통되는 사항일 것이다.

3포인트 레슨

1. 너무 많은 인원이 공격하면 수비가 위험해진다!

2. 공격 인원이 많아져도 혼잡해질 뿐이다!

3. 어떤 시스템이든 균형 감각이 중요하다!

그림으로 확인하는 전술적 포인트

CLOSE-UP 1 전방을 지원해야 하는 상황

상대와 동료의 수가 같거나 수적 우위를 만들 수 있는 상황에서는 공을 가지고 있는 선수를 지원하기 위해 후방에서 올라가는 것이 좋은 플레이다. 마크를 당하지 않는 자유로운 상태를 만들기 쉬우므로 패스를 받아 중앙 돌파나 최종 패스, 슛으로 연결할 수 있다.

공을 가지고 있는 선수를 지원한다.

CLOSE-UP 2 후방을 지원해야 하는 상황

한편 이렇게 상대와 동료가 밀집해 있는 상황에서는 전방으로 나가지 말고 후방에서 지원하는 편이 공격 전개의 폭을 넓힐 수 있다. 좁은 지역에서 플레이하는 것은 상대의 수비를 편하게 할 뿐이다. 경기의 전개를 읽고 무엇을 해야 최선일지 생각해야 한다.

선수들이 밀집해 있을 때는 앞으로 나가지 않는 편이 낫다.

☞ 축구 박사가 밝히는 비밀의 전술

스페인의 우승을 뒷받침한 세나

유로 2008에서 우승한 스페인은 훌륭한 미드필더를 많이 보유했다. 플레이메이커 유형만 해도 사비와 이니에스타에 세스크 파브레가스와 다비드 실바까지 세계 정상급 선수가 네 명이나 있었다. 게다가 투톱은 페르난도 토레스와 비야라는 호화 공격진이었다. 다만 대회에서 MVP급의 활약을 한 선수는 세나였다. 세나는 공격형 미드필더 뒤에서 수비적인 역할을 담당한다. 비야나 토레스가 출장하지 못할 때는 공격형 미드필더 네 명과 수비수 사이에 위치해 4-1-4-1의 '1'로서 팀을 뒷받침했다. 공격적인 팀에서는 수비적인 선수가, 수비적인 팀에서는 공격수가 핵심 선수가 되는 듯하다.

시스템 System

Question:

58 '제로톱'의 메커니즘

그렇구나!

'제로톱'이라는 시스템을 들어본 적이 있는가? 톱(포워드)을 한 명도 두지 않고 어떻게 점수를 낸다는 것일까? 그 메커니즘을 분석해보자.

물론 누구나 소화해낼 수 있는 포지션이 아닌 것은 알지만, 축구 선수라면 이 포지션을 목표로 삼아야 하지 않겠어?

축구의 포메이션은 수비의 인원을 늘리는 방향으로 변화해왔다. 이는 달리 말해 공격을 하는 선수가 점점 후방으로 내려갔다는 의미다. 옛날에는 다섯 명이었던 포워드가 세 명이 되고, 이윽고 투톱, 원톱이 되었다. 그리고 마침내 포워드가 한 명도 없는 제로톱도 탄생했다.

그러나 단순히 포워드의 수가 줄었다고 해서 공격력이 떨어졌다고는 할 수 없다. 미드필더나 수비수가 공격에 가담하게 되었기 때문이다. 로마의 토티나 바르셀로나의 메시는 제로톱형 센터 포워드(이른바 '가짜 9번')인데, 그들이 중원으로 내려와 플레이하는 대신 다른 선수가 전방으로 뛰어들어 점수를 낸다. 토티는 스트라이커와 플레이메이커의 능력을 겸비한 선수다. 그리고 메시는 스트라이커와 플레이메이커, 윙어라는 세 포지션을 소화해낼 수 있다. 제로톱이라는 특수한 시스템은 그들과 같이 복수의 포지션을 담당할 수 있는 선수가 있을 때 비로소 가능해진다.

제로톱이라고는 하지만 실제로는 강력한 포워드가 있을 때 성립하는 시스템이라고 할 수 있다.

《 3포인트 레슨 》

1. 제로톱이라고 해도 공격력이 약해지지는 않는다!

2. 포워드가 빈 공간을 활용해 점수를 낸다!

3. 센터 포워드는 팀에서 가장 뛰어난 선수!

그림으로 확인하는 전술적 포인트

 제로톱의 공격 (토티와 메시)

토티가 톱의 위치에서 내려와 패스를 받는 사이에 다른 선수가 빈 공간으로 달려들어 토티의 패스를 받는다. 로마가 제로톱을 사용하던 시절에는 이런 식으로 기회를 만드는 일이 많았다. 토티의 기술과 주위 선수들의 운동량이 제로톱의 효과를 극대화시켰다.

포워드가 내려와 공격의 기점이 되고 후방에 있던 선수가 달려든다.

👉 축구 박사가 밝히는 비밀의 전술

토티와 제로톱의 계보

로마는 스팔레티 감독 시절에 토티를 원톱으로 삼는 시스템을 사용한 시기가 있었으며, 이것이 '제로톱 시스템'으로서 화제가 되었다. 토티는 계속 최전방에 머물러 있는 것이 아니라 조금 밑으로 내려와서 공을 받아 패스함으로써 골을 만들어낸다. 현재 바르셀로나에서 메시가 맡고 있는 역할과 같다. 제로톱형 선수로는 1950년대에 헝가리에서 활약한 히데그쿠티와 이 유형으로는 사상 최고의 선수로 평가받는 디 스테파노(레알 마드리드), 또 디 스테파노의 재림이라는 말을 들은 크루이프가 유명하다. 제대로 기능하면 다채로운 공격이 가능한 시스템이다.

시스템 System

Question: 59 바르셀로나의 수비 시스템

그렇구나!

체격은 동양인과 별로 다르지 않지만, 그들의 축구를 흉내 내보면 그 차이를 느낄 수 있지.

세계 최강팀으로 불리는 바르셀로나. 흔히 화려한 패스 돌리기와 개인기에 관심이 집중되지만, 그 강력함의 비밀은 상대가 공을 가지고 있을 때 수비를 하는 선수의 '몸의 방향'에 숨겨져 있다.

현재 최강팀이라고 할 수 있는 바르셀로나는 공의 점유를 중시한다. 70퍼센트 가까이 공을 지배하면 열 경기 중 여덟 경기에서 승리할 수 있다. 이것이 그들의 기본적인 생각이다. 바르셀로나에 패스를 잘하는 선수가 많은 까닭은 하부 조직에서 그런 유형의 선수를 키우고 외부에서도 자신들의 시스템에 맞는 선수를 골라 영입하기 때문이다.

그런데 사비와 메시, 이니에스타, 페드로 등 패스워크가 뛰어난 선수는 몸집이 작은 경우가 많고 몸무게도 가벼우므로 몸싸움에는 강하지 않다. 그래서 되도록 앞을 향한 상태에서 수비한다. 앞을 향한 상태로 압박을 가하는 편이 수비가 쉽기 때문이다. 공을 지배하고 상대를 밀어붙인다. 공을 빼앗기면 앞에서부터 압박을 가해 다시 빼앗거나 롱볼을 차게 강요한다. 이렇게 해서 자신의 진영으로 물러나지 않고 공을 회수한다. 빠르게 공을 빼앗으므로 점유율도 높아진다. 자신들이 힘을 발휘하기 쉽도록 플레이 환경을 만드는 것이 강력함의 비밀이다.

3포인트 레슨

1. 70퍼센트 가까이 공을 지배할 수 있으면 승률은 80퍼센트에 가까워진다!

2. 몸집이 작은 선수는 앞을 향해 수비하게 하자!

3. 힘을 발휘하기 쉬운 환경을 만들자!

그림으로 확인하는 전술적 포인트

 전방을 향하는 바르셀로나의 수비

바르셀로나의 윙어가 상대의 풀백을 마크하고 있으므로 센터백은 중원으로 패스를 연결하거나 롱볼을 차는 선택을 한다. 이때 바르셀로나는 대부분의 선수가 앞을 향한 상태로 수비하는 태세를 갖춘다. 바르셀로나의 경우 중원부터 앞쪽에는 몸집이 작은 선수가 많기 때문에 뒤에서 쫓아가거나 공을 경합하는 능력은 뛰어나지 않다. 그러나 앞을 향한 상태에서 재빨리 압박을 가하면 이런 약점을 거의 드러내지 않아도 된다. 바르셀로나가 전방에서부터 적극적으로 압박을 가하는 것은 선수의 유형과도 관계가 있다.

축구 박사가 밝히는 비밀의 전술

트루시에 감독의 플랫 쓰리

1998년에 일본 대표팀을 맡은 트루시에 감독은 '플랫 쓰리'를 도입해 화제가 되었다. 쓰리백이 나란히 늘어서서 라인을 치밀하게 조정하는 것이 플랫 쓰리의 특징이다. 플랫 포라고 해서 네 명이 지역 방어를 하는 형태는 일반적이었지만, 쓰리백이 나란히 서는 플랫 쓰리는 보기 드물었다. 일본에서 쓰리백을 사용한 이유는 중앙부를 두 명보다 세 명이 지키는 편이 낫다고 판단해서라고 한다. 트루시에 감독은 플랫 쓰리를 도입하면서 매우 세심하고 논리적으로 지도했다. 그러나 당시 일본에서 낯선 전술이었던 플랫 쓰리는 커다란 반향과 찬반양론을 불러왔다.

시스템 / System

Question: 60

축구와 시스템의 관계성

그렇구나!

축구에는 다양한 발상이 있다. 시스템이나 포메이션을 결정할 때는 팀으로서 일관된 자세를 잃지 않는 것이 중요하다.

언젠가 우리가 월드컵 결승에 오를 만큼 강해졌으면 좋겠어. 전술을 공부하면 나도 감독이 될 수 있을까?

축구에는 다양한 아이디어가 있으며 시스템과 포메이션이 있다. 어느 것이 옳고 어느 것이 틀렸다고는 단정할 수 없다. 먼저 중요한 것은 팀을 구성하는 선수의 특징을 살리는 일이다. 또 상대와의 전력 차이도 영향을 끼친다. 다만 어떤 시스템이든 '확실히 정하는' 것이 중요하지 않을까 싶다.

스페인에서는 '축구는 전술이다'라고 생각한다. 기술도 아니고 체력도 아니다. 축구는 전술이라고 생각하기 때문에 어릴 때부터 전술적인 능력을 키우는 것이 지도의 중심이 된다. 그때그때의 상황을 정확히 파악하고 좋은 아이디어를 떠올릴 것을 요구한다. 어떤 플레이가 정답인지도 확실히 가르친다. 가령 뛰어난 드리블 기술로 두 명을 제쳤다 해도 그것이 전술적으로 좋은 플레이는 아닐 수 있다. 중요한 것은 전술적으로 올바르냐, 아니냐다. 스페인 사람들은 '축구는 전술'이라고 정의했기 때문이다.

3포인트 레슨

1. 스페인에서 축구는 '전술'이다!

2. 어렸을 때부터 선수에게 명확한 답을 요구한다!

3. 전술적으로 올바른지 아닌지를 항상 묻는다!

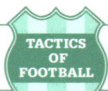

그림으로 확인하는 전술적 포인트

 전술적인 정답이란?

갑작스럽지만 퀴즈를 하나 내겠다. 그림을 보기 바란다. 그림과 같은 상황일 때 A와 B 중 어느 포지션에서 패스를 받는 것이 정답일까? 수비수를 제치려는 생각이라면 A도 정답이지만, 이것은 기술적인 정답이다. 전술적으로는 B의 포지션이 정답이다. 가령 B의 포지션에서 패스를 받으면 그다지 난이도가 높지 않은 기술을 사용해도 패스 세 번으로 동료를 자유롭게 만들 수 있기 때문이다. 설령 기술적으로 해결할 수 있더라도 그것은 기술이 있었기 때문이며, 항상 똑같은 플레이를 할 수 있다는 보장은 없다. 그러나 난이도가 높은 기술을 사용하지 않아도 해결할 방법이 있다면 그것은 확실성이 높은 플레이라고 할 수 있다.

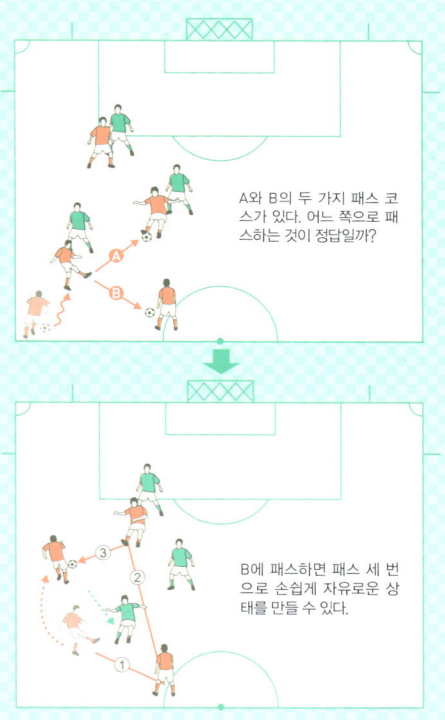

A와 B의 두 가지 패스 코스가 있다. 어느 쪽으로 패스하는 것이 정답일까?

B에 패스하면 패스 세 번으로 손쉽게 자유로운 상태를 만들 수 있다.

☞ 축구 박사가 밝히는 비밀의 전술

아약스, 네덜란드, 바르셀로나의 3-4-3

아약스의 3-4-3은 4-4-2와 3-5-2 등 투톱의 전성기였던 1980년대 후반에 등장했다. 아약스는 상대의 투톱에 쓰리백으로 대응하는 대신 공격에서 포워드의 수를 한 명 늘려 윙어를 배치한 쓰리톱으로 만들었다. 네덜란드 대표팀도 이 방법을 채용했으며, 아약스의 감독이었던 크루이프는 바르셀로나의 감독으로 취임했을 때 아약스의 전술을 가져와 정착시켰다. 현재의 바르셀로나는 4-3-3을 사용하는데, 이것은 상대 팀에 원톱(또는 쓰리톱)이 많아진 데 대응한 것이다. 4-3-3은 3-4-3의 원형이므로 원형으로 돌아갔다고도 할 수 있다.

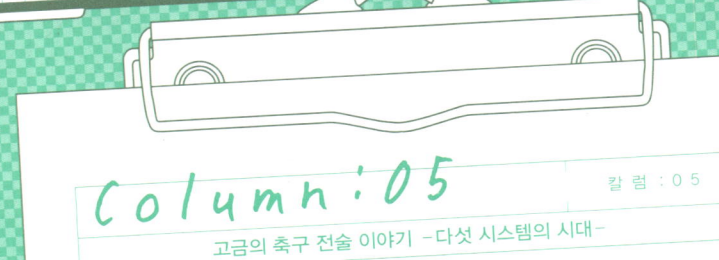
Column:05
칼럼:05
고금의 축구 전술 이야기 -다섯 시스템의 시대-

2000년대~
: 바르셀로나가 가져온 변화

지역 방어와 압박의 조합은 세계적으로 보급되었고, 21세기가 되자 대인 방어는 거의 찾아볼 수 없게 되었다. 포백의 지역 방어가 정착되고 그 앞에 역시 네 명이 라인을 형성해 여덟 명이 수비 블록을 구축하는 방식이 일반화되었다. 그러나 1970년대의 네덜란드와 아약스의 전술을 바탕으로 발전해온 바르셀로나는 대인 방어의 개념을 도입한 압박을 실시해 성과를 올렸다.

또 다른 팀에서는 지역 방어의 챌린지&커버 수비법으로는 바르셀로나의 패스 워크를 억제할 수 없다는 사실을 확실히 깨닫게 되었다. 사비와 메시, 이니에스타는 공에 달려드는 수비수와 커버하는 수비수 사이의 공간에서 간단히 패스를 받아 플레이할 수 있기 때문이다. 압박이 유행하기 시작했을 무렵, 사람들은 '시간과 공간이 없는 축구'의 시대가 되었다고 말했다. 그러나 메시 등에게는 현재도 충분한 시간과 공간이 있는 것이다. 바르셀로나를 따라 하는 팀이 늘어나면 10년이 넘게 전성기를 구가하던 지역 방어도 재고될지 모른다. 필요는 발명의 어머니라고 하지 않았던가? 축구 전술은 틀림없이 앞으로도 계속 변화할 것이다.

STAGE_06
스테이지

Tactics : 팀 전술
세트피스
[*Set-piece*]

세트피스 | Set-piece

Question: 61 롱볼을 차지하는 비결

항상 헤딩 경합에서 져서 상대 팀에 공을 빼앗기니까 과연 롱볼을 차는 의미가 있는지 궁금했어.

골킥의 선택지에는 롱볼과 숏패스의 두 가지가 있다. 롱볼을 차지하는 확률을 높이면 경기를 유리하게 전개할 수 있다.

골킥에는 두 가지 패턴이 있다. 첫째는 롱볼을 차는 것이고, 둘째는 숏패스를 연결하는 것이다. 바르셀로나처럼 볼 점유율을 중시하는 팀은 골키퍼가 최종 라인에 패스를 연결해 여기에서부터 공격을 전개한다. 수적으로 유리한 상황에서 짧은 거리의 패스를 돌리면서 공을 전방으로 전달한다. 다만 자신의 진영과 가까운 곳에서 플레이하기 때문에 실수를 범해 상대 팀에 공을 넘겨주면 매우 위험해진다.

롱볼은 상대 팀의 진영까지 공을 차기 때문에 자신의 팀이 공을 차지할 확률이 떨어지는 반면, 공을 빼앗겨도 실점으로 이어질 위험성이 낮다는 특징이 있다. 이때의 포인트는 세 가지로, 골키퍼의 킥력과 타깃이 되는 선수의 헤딩 능력, 공을 차지하기 위한 위치 선정이다. 잘만 하면 패스 한 번으로 득점 기회를 잡을 수도 있다.

골킥은 경기 중에 여러 번 나오는 플레이다. 운에 맡기지 말고 공을 차지하는 확률을 높이면 경기를 유리하게 전개할 수 있다. 골킥을 어떤 식으로 차야 할지 팀 전체가 미리 약속하고 연습해 두면 좋을 것이다.

3포인트 레슨

1. 기술에 자신이 있으면 최종 라인에서부터 패스를 연결하자!

2. 롱볼을 차지할 수 있을 확률은 50:50!

3. 롱볼을 차지하면 경기를 유리하게 전개할 수 있다!

그림으로 확인하는 전술적 포인트

 롱볼의 위치 선정

롱볼을 찰 때는 한쪽 측면에 선수를 많이 배치한다. 이것은 세컨드볼을 차지하기 위해서다. 먼저 골키퍼의 킥력을 고려하며 타깃이 되는 선수를 전방에 배치한다. 타깃이 되는 선수의 앞쪽에는 세컨드볼을 잡을 선수를 배치한다. 수비 측은 정면을 향한 상태에서 롱볼을 경합할 수 있으므로 이쪽 진영을 향해 공을 찰 확률이 높다. 공이 있는 측면에 많은 인원이 몰림으로써 수비가 옅어진 반대쪽 측면에 선수를 배치해 수비를 분산시키는 방법도 있다.

헤딩이 강한 선수

수비수를 분산시키거나 수비가 옅은 곳을 노린다

세컨드볼을 차지한다

상대의 공격에 대비한다

🖐 축구 박사가 밝히는 비밀의 전술

지능적인 골킥 작전

흔히 골킥을 차지할 확률은 50:50이라고 한다. 피치의 밀집된 지역에서 공중으로 높이 날아오는 공을 경합하므로 누구의 공이 될지는 반반의 확률이라는 것이다. 그러나 궁리하기에 따라서는 그 확률을 60:40 혹은 70:30으로 만들 수도 있다. 가시마 앤틀러스는 골키퍼가 골킥을 차기 직전에 선수 한 명이 밀집된 지역에서 선수가 별로 없는 반대쪽 측면으로 이동하는 방법을 사용했다. 그러면 골키퍼는 그 선수를 향해 라이너성으로 공을 찬다. 단순한 방법이지만, 골킥을 할 때 선수들이 한 곳으로 모이드는 습성이 있기 때문에 성공률은 의외로 높다. 가시마는 이런 식의 머리싸움을 잘했다.

세트피스 Set-piece

Question: **62** 스로인을 득점 기회로 바꾸는 비결

> 그렇구나!
> 스로인은 빨리 던져야 한다지만, 너무 서두르다가 팔로스로를 안 하지 않도록 조심해야 해!

스로인은 한 경기 내에서 가장 많이 나오는 세트플레이다. 무심코 던지고 있지는 않은가? 스로인을 득점 기회로 바꾸는 방법을 소개한다.

스로인의 비결은 최대한 빨리 던지는 것이다. 스로인을 할 때 피치 안의 인원은 한 명이 줄어든다. 따라서 시간을 너무 끌면 동료들에게 전부 마크가 붙어 던질 곳이 없어진다. 스로인은 공격권을 가진 팀에 유리한 세트플레이가 아님을 기억해두자.

공을 가지러 가는 데 시간이 걸리거나 해서 빨리 던질 수 없을 때는 서두르지 말고 동료의 움직임을 보며 되도록 마크가 없는 선수에게 던진다. 한 명이 수비수를 유인하며 달려 빈 공간이 생기면 그곳으로 다른 선수가 들어가 공을 받는 패턴 등이 있다. 규칙을 활용하는 것도 중요하다. 스로인에는 오프사이드가 적용되지 않는다. 상대 팀 진영의 높은 위치에서 스로인을 하게 되었을 때 상대 팀이 방심한 틈에 던질 수 있다면 결정적인 기회로 이어진다.

또 스로인은 기본적으로 풀백이 담당하는 것이 좋다. 그보다 앞쪽 포지션의 선수나 센터 포지션의 선수가 던지면 피치 안의 균형이 무너지기 때문이다.

3포인트 레슨

1. 스로인은 최대한 빨리 던지자!

2. 사인 플레이로 공간을 만들자!

3. 기본적으로는 풀백이 던지자!

그림으로 확인하는 전술적 포인트

공이 나가면 재빨리 던진다

공이 터치라인을 넘어가면 공과 가장 가까운 선수가 재빨리 주워 던진다. 스로인을 할 때는 피치 안의 선수가 한 명 줄어들므로 대인 방어를 당하면 던질 곳이 없어진다. 마크가 붙기 전에 재빨리 던지는 것이 공을 차지하는 간단한 방법이다.

스로인은 최대한 빨리.

CLOSE-UP 2 수비수를 유인해 공간을 만든다

사인 플레이의 한 가지 예를 소개한다. 스로워(공을 던지는 선수)의 앞에 있던 선수(A)가 전방의 공간으로 달려 수비수를 유인한다. 그리고 A가 없어진 공간에 두 번째 선수(B)가 들어와 공을 받는다. 움직이는 타이밍과 던지는 타이밍을 맞추는 것이 포인트다.

한 명이 수비수를 유인하고 다른 선수가 스로인을 받는다.

🔎 축구 박사가 밝히는 비밀의 전술

스로인은 사실 공격 측에 불리하다?

스로인은 손을 사용하는 패스이므로 공격 측에 유리한 것처럼 생각되지만, 한편으로는 불리한 측면도 있다. 오심 전 일본 대표팀 감독은 "스로인을 할 때 피치 안은 공격 측이 한 명 적은 상태다"라고 말했다. 킥인이라면 모를까 스로인은 공을 던질 수 있는 거리도 제한되어 있으며, 땅볼 패스가 아니므로 컨트롤도 쉽지 않다. 또 시간을 지체하면 동료들은 전부 마크를 당한다. 따라서 재빨리 재개하는 것이 좋지만, 자유로운 선수가 없을 때는 연계 플레이나 사인 플레이를 이용해 확실히 공을 차지하려는 궁리도 필요할지 모른다.

145

세트피스 Set-piece

Question:

63 롱스로인을 골로 연결하는 비결

그렇구나!

롱스로인을 할 수 있는 선수가 팀에 있으면 스로인 한 번이 코너킥이나 프리킥과 동등한 가치를 지니게 된다. 효과적인 롱스로인 활용법을 소개한다.

스로워가 얼마나 멀리 던질지 예측할 수 없다는 것도 상대로서는 골치 아픈 점이 아닐까?

롱스로인을 빼놓고는 스로인에서 득점 기회를 만드는 플레이를 이야기할 수 없다. 롱스로인은 옛날부터 볼 수 있었던 플레이지만 최근 들어 더욱 진화했다. 잉글랜드 프리미어리그에는 롱스로인을 득점원으로 삼는 팀이 있을 정도다.

스로인은 손으로 던지므로 발로 차는 것보다 정확성이 높다. 그러나 공의 속도가 그리 빠르지 않다. 키가 큰 선수가 머리로 건드린 다음 공이 떨어진 곳으로 달려가는 것이 일반적인 플레이다. 키가 크고 공중전에서 확실히 이길 수 있는 선수가 있으면 롱스로인은 계산 가능한 공격 옵션이 된다.

스로인에는 오프사이드가 없으므로 오프사이드 지역에 있는 동료에게 패스할 수도 있다. 이것을 이용하면 프리킥보다 유리한 측면도 있다. 가령 상대 진영의 높은 위치에서 스로인 기회를 얻었을 때 스로워가 롱스로인을 할 수 있는 선수라면 재빨리 수비 라인의 배후 공간으로 공을 던지고 다른 선수가 그 공을 받는다. 한 경기에서 여러 번 사용할 수 있는 작전은 아니지만, 성공하면 1골을 얻을 수 있는 결정적인 기회가 된다.

3포인트 레슨

1. 롱스로인은 손으로 던지므로 정확성이 높다!

2. 키가 큰 선수가 건드린 공을 슛으로 연결하자!

3. 오프사이드 지역에서 공을 받으면 결정적인 기회가 된다!

그림으로 확인하는 전술적 포인트

 키가 큰 선수의 머리에 맞고 흘러나온 공을 슛한다

롱스로인은 손으로 던지기 때문에 목표로 삼은 장소에 정확히 보낼 수 있다. 다만 킥에 비해 공의 속도가 느리므로 니어 사이드에 키가 큰 선수를 세워 공을 건드리게 하고 흘러나온 공을 슛으로 연결하는 패턴을 노리자.

키가 큰 선수

롱스로인을 받는 법은 기본적으로 코너킥이나 프리킥과 같지만, 날아오면서 공의 속도가 떨어진다는 점에 주의하자. 다만 정확성은 기대할 수 있으므로 사인 플레이가 효과적이다.

오프사이드 지역에서 공을 받아 1대1 상황을 만든다

오프사이드 규칙이 적용되지 않는다는 점도 스로인의 특징이다. 일반적으로는 상대 팀의 골대와 가까운 쪽 터치라인 근처로 던지지만, 페널티에어리어 부근까지 공을 던질 수 있는 선수가 있다면 골키퍼와 수비수 사이의 공간을 노릴 수도 있다. 공이 연결되면 결정적인 기회가 찾아온다.

오프사이드가 없으므로 수비 라인 뒤쪽에서 받을 수 있다.

☞ 축구 박사가 밝히는 비밀의 전술

프리킥이나 다름없는 델랍의 롱스로인

프리미어리그의 스토크시티에서 활약하는 로리 델랍은 롱스로인의 명수다. 40미터나 되는 거리를 던질 수 있을 뿐만 아니라 공의 속도도 킥과 별 차이가 없을 만큼 빠르다. 롱스로인은 정확성을 기대할 수 있는 대신 공의 속도가 느려 낙하점을 예측당하기 쉬운데, 델랍처럼 빠른 공을 던질 수 있으면 그 효과는 프리킥이나 코너킥과 차이가 없다. 정확성이 높은 만큼 오히려 더 효과적인지도 모른다. 실제로 스토크시티는 스로인에서 많은 득점을 올렸으며, 델랍의 스로인을 살리기 위해 홈구장 피치의 가로 폭을 좁혔다.

세트피스 | Set-piece

Question:

64 프리킥을 직접 골로 연결하는 비결

그렇구나!

> 프리킥에는 독자적인 패턴이 많지. 이론은 한 가지 예일 뿐이야. 예상을 벗어나니까 골이 되는 게 아니겠어?

프리킥 상황에서 정확도 높은 슛을 할 수 있으면 득점력이 높아진다. 공의 위치와 벽의 위치, 목표한 위치, 킥의 각도 등을 계산에 넣으면서 골을 노리자!

당연한 말이지만, 프리킥에서 중요한 것은 킥의 정확성이다. 또 이와 함께 프리킥의 성공률을 좀 더 높이기 위한 이론을 숙지할 필요도 있다.

프리킥을 찰 때의 포인트는 골문까지의 거리와 각도, 벽을 쌓은 상대의 수, 벽의 형태, 높이, 골키퍼의 위치, 키커가 쓰는 발, 자신 있는 코스 등 매우 다양하다. 우수한 선수는 프리킥을 차기 전에 이런 요소를 판단해 어디를 노릴지 결정한다.

목표로 삼을 위치는 먼저 니어 사이드다. 공에서 골문을 직선으로 연결한 코스가 최단 거리다. 니어 사이드의 좋은 코스로 차면 골키퍼는 반응하더라도 공을 잡지 못한다. 물론 상대도 경계하고 있으므로 골문과 공을 연결하는 선상에 키가 큰 선수를 벽으로 배치한다. 따라서 곡선을 그리며 벽 위나 옆을 지나 원하는 코스로 날아가도록 차는 기술이 요구된다.

차기 전에 키커가 아닌 다른 선수가 공을 건드려 포인트를 살짝 옮기거나 일부러 벽을 노리고 차서 벽이 무너지기를 기대하는 등 아이디어와 기술 여하에 따라서는 무한대의 패턴이 가능하다.

3포인트 레슨

1. 프리킥 이론을 숙지해 성공률을 높이자!

2. 최우선으로 노려야 할 곳은 니어 사이드!

3. 프리킥에는 다양한 노림수와 패턴이 있다!

그림으로 확인하는 전술적 포인트

니어 사이드의 성공률이 높다

프리킥에서 골이 들어갈 확률이 가장 높은 코스는 골문까지의 거리가 가까운 니어 사이드다. 상대는 니어 사이드의 코스에 벽을 쌓는다. 벽이 높은 곳을 노리면 벽에 맞을 수 있으므로 휘어져 들어가는 코스를 노린다. 또 감아 차는 척하면서 파 사이드로 강력한 슛을 쏘는 선택지도 있다.

쓰는 발과 노리기 쉬운 장소

프리킥에서는 쓰는 발에 따라 노리기 쉬운 장소가 달라진다. 골문과의 최단 거리인 니어 사이드를 노리려면 왼쪽 측면과 가까울 경우 오른발잡이가, 오른쪽 측면과 가까울 경우 왼발잡이가 차는 것이 좋다.

축구 박사가 밝히는 비밀의 전술

벽 사이를 뚫는 히벨리노의 신기(神技)와도 같은 프리킥

1974년 월드컵의 동독 전에서 보여준 히벨리노의 프리킥은 '악마의 프리킥'으로 불렸다. 벽 안에 브라질 선수가 한 명 끼어 있다가 몸을 숙인 순간 공 한 개 정도의 좁은 틈으로 대포알 같은 슛이 통과한 것이다. 골키퍼는 설마 슛이 벽을 뚫고 들어오리라고는 예상하지 못했기 때문에 넋을 놓고 지켜볼 뿐이었다. 브라질은 벽 옆에 세 명이 서서 골키퍼의 시야를 가리고 있다가 그곳을 노리고 슛하는 순간 피하는 수법도 사용했다. 물론 동독의 골키퍼도 그쪽을 경계했겠지만, 히벨리노의 킥 정확성은 신의 경지였다.

세트피스 Set-piece

Question:

65 측면의 프리킥에서 골을 넣는 비결

그렇구나!

측면에서의 프리킥은 크로스와 성격이 같다. 어디를 노리고 각자가 어떻게 움직일지 미리 정해놓으면 성공률은 비약적으로 높아진다.

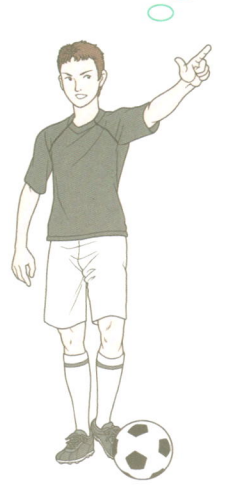

킥의 정확성은 물론이고 골문 앞에 있는 선수들의 역할이 중요해. 무엇을 노리는지가 상대에게 노출되면 의미가 없지.

측면에서의 프리킥에는 키커가 슈팅성의 공을 차고 공을 향해 달려드는 패턴과 크로스를 차듯이 키가 큰 선수를 향해 찬 다음 세컨드볼을 향해 달려드는 패턴이 있다. 골문 앞에는 상대 팀 선수들이 몰려 있으므로 단순히 공을 차 넣으면 클리어되기 십상이다. 그러므로 프리킥을 할 때 각 선수가 어떻게 움직일지 미리 약속해두자.

슈팅성 크로스를 찰 때는 설령 동료가 건드리지 못하더라도 그대로 골문 안으로 향하는 공이 가장 좋다. 안 그래도 골문을 향해 날아오는 공을 누군가가 건드려 방향을 바꿔버릴지도 모르는 상황이므로 골키퍼로서는 대응하기가 어렵다.

공을 띄울 경우는 타깃이 되는 선수의 머리를 노리고 정확하게 차는 것이 중요하다. 타깃맨이 파 사이드에서 안쪽으로 공을 떨어뜨리면 다른 선수가 그 공을 향해 달려드는 형태는 프리킥의 정석 패턴이다.

서로의 수준이 비슷한 경기에서는 세트플레이 하나가 승부를 가를 때도 적지 않다.

3포인트 레슨

1. 측면에서 프리킥을 할 때는 어떻게 플레이할지 미리 약속해놓자!

2. 건드리든 건드리지 않든 골이 될 수 있는 크로스를 차자!

3. 타깃맨이 공을 떨어뜨린 위치로 달려들자!

그림으로 확인하는 전술적 포인트

슈팅성 크로스를 찬다

왼쪽 측면에서 골문 앞으로 슈팅성 공을 찬다. 파 사이드를 노리고 직접 골대 안으로 들어가도록 차는 것이 가장 좋다. 페널티 에어리어 안의 선수는 공의 궤도에 발을 내밀어 공의 방향을 바꾼다. 그저 안으로 뛰어들기만 해도 골키퍼를 혼란시키는 효과가 있다.

위력적인 슈팅성 크로스를 동료가 건드려 코스를 바꾼다.

뜬 공 크로스는 세컨드볼을 노린다

파 포스트에 배치한 타깃맨의 머리를 향해 뜬 공 크로스를 차고, 타깃맨이 공을 떨어뜨리면 다른 선수가 달려드는 패턴이다. 골키퍼를 좌우로 흔들어 골문을 연다. 타깃맨이 자유롭게 헤딩할 수 있을 때는 직접 골문을 노린다.

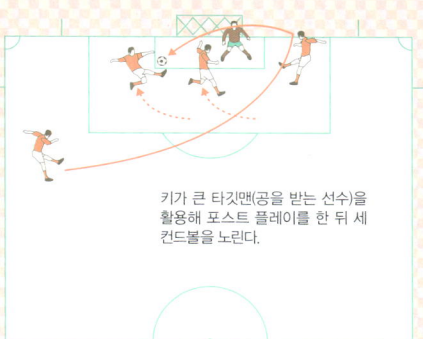

키가 큰 타깃맨(공을 받는 선수)을 활용해 포스트 플레이를 한 뒤 세컨드볼을 노린다.

🔍 축구 박사가 밝히는 비밀의 전술

골키퍼를 울리는 크로스

측면에서 프리킥을 할 때는 직접 골을 노리듯이 공을 찬다. 골문을 향해 휘어지는 빠른 크로스를 차고, 다른 선수가 그 공을 살짝 건드려 코스를 바꾼다. 골키퍼는 골문을 향해 공이 날아오면 슛과 똑같이 간주하고 집중한다. 그런데 앞에서 갑자기 코스가 바뀌면 골키퍼는 거의 대응하지 못한다. 또 공을 건드리지 못하더라도 골키퍼 앞을 여러 선수가 지나가면 판단을 흐리게 하는 효과가 있어 그대로 골인이 되기도 한다. 베컴처럼 크게 휘어지는 킥은 매우 효과적이며, 주니뉴와 같은 무회전 프리킥도 골키퍼를 울린다.

세트피스 Set-piece

Question:

66 프리킥의 수비 이론

그렇구나!

프리킥을 수비할 때는 벽을 쌓는 법칙을 이해해야 실점을 막을 수 있다. 벽을 어떻게 쌓는지는 골키퍼가 지시할 때가 많은데, 이론을 이해해 재빨리 준비할 수 있도록 하자.

벽의 역할을 하지 못하고 골키퍼의 시야만 가린다면 차라리 벽을 쌓지 않는 편이 나아.

프리킥은 수비의 의사 통일이 중요하다. 여기에서는 벽을 쌓는 법에 관해 설명하겠다. 프리킥에는 키커가 직접 골을 노리는 방법과 동료를 향해 차는 방법이 있다.

벽을 쌓는 인원수는 거리에 따라서도 달라지지만, 직접 슛을 노릴 확률이 높은 골문 정면은 4~5명, 조금 각도가 있는 위치라면 3~5명이다. 직접 슛을 노릴 가능성이 낮은 측면에서는 1~2명으로 대응한다.

골문 정면 부근의 프리킥을 수비할 때의 포인트는 키가 가장 큰 선수를 어디에 배치하느냐다. 키가 큰 선수는 골문까지의 최단 거리인 골문과 공을 연결한 위치에 세운다. 다섯 명이 벽을 쌓는다면 골문과 공을 연결하는 위치에선 최장신 선수를 기준으로 니어 사이드에 한 명, 파 사이드에 세 명이 서는 것이 기본이다.

측면에서의 프리킥일 경우, 벽의 수는 골문 근처에서 플레이할 가능성이 있는 상대의 인원수에 맞춘다. 몸집이 작더라도 공을 두려워하지 않는 선수, 반응이 빠른 선수가 벽을 쌓는 것이 좋다. 벽이 공을 피하면 말 그대로 '구멍'이 생겨 생각지 않았던 실점으로 이어진다.

3포인트 레슨

1. 프리킥을 수비할 때는 벽을 쌓는 방식을 통일하자!

2. 키가 큰 선수는 공과 골대를 연결한 위치에 선다!

3. 벽이 공을 피하면 '구멍'이 생긴다!

그림으로 확인하는 전술적 포인트

CLOSE-UP 1 벽을 쌓는 인원수의 기준

벽을 쌓는 인원수는 골문까지의 거리와 공의 위치에 따라 달라진다. 골문 정면에서는 4~5명, 약간 측면으로 치우쳐 있으면 3~5명이 기준이다. 쓰는 발이 다른 키커가 두 명 서 있을 때는 어느 쪽을 노리고 찰지 알 수 없으므로 인원을 늘린다. 직접 슛을 노릴 가능성이 낮은 측면일 경우에는 두 명 정도가 벽을 쌓는다.

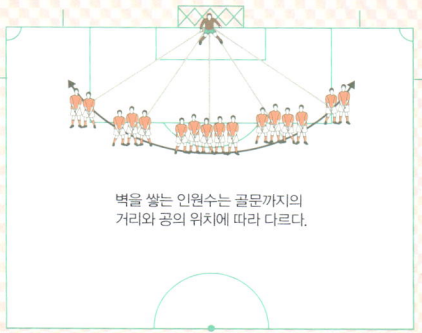

벽을 쌓는 인원수는 골문까지의 거리와 공의 위치에 따라 다르다.

CLOSE-UP 2 키가 큰 선수의 배치

팀에서 가장 키가 큰 선수를 공과 골문을 연결하는 위치에 세운다. 키가 큰 선수를 기준으로 슛 코스가 좁은 쪽에 한 명, 넓은 쪽에 두세 명을 배치하는 것이 원칙이다. 상대가 슛 포인트를 살짝 옮겼을 때 뛰쳐나갈 선수도 정해놓자.

가장 키가 큰 선수가 공과 골문을 연결하는 위치에 선다.

👉 축구 박사가 밝히는 비밀의 전술

벽이 오히려 방해가 될 때도 있다

프리킥을 수비할 때 가끔은 벽이 골키퍼의 시야를 가로막는 경우가 있다. 2011년 아시안컵에서 일본이 카타르에 득점을 허용한 상황을 보면 벽을 어중간하게 쌓았음을 알 수 있다. 원래 직접 슛을 노릴 만한 위치가 아니었는데, 그곳에서 직접 슛한 공이 골대 안으로 들어갔다. 일본은 상대가 직접 슈팅을 노릴 수 없도록 벽을 쌓아야 했다. 차라리 벽을 쌓지 않으면 골키퍼 가와시마가 충분히 막을 수 있었을 것이다. 평소에 프리킥의 위치에 따라 벽을 어떻게 쌓을지 미리 정해놓는 것이 중요하다.

세트피스 *Set-piece*

Question:
67 코너킥에서 골을 넣는 비결

그렇구나!

코너킥은 차는 장소가 고정되어 있으므로 훈련의 성과가 나오기 쉬운 세트플레이라고 할 수 있다. 더는 우연성에 기대지 말고 확실히 점수를 넣기 위한 전술을 익히자!

헤딩에는 자신 있어! 난 키가 크지는 않지만 남들보다 빠르니까 니어 사이드로 달려드는 편이 성공률이 높을 거야.

코너킥은 프리킥이나 스로인과 달리 킥하는 장소가 항상 정해져 있다. 따라서 다른 세트플레이에 비해 실전과 똑같이 설정하고 훈련할 수 있기 때문에 전술적인 요소가 강하다고 할 수 있다.

키커가 노리는 위치는 키커로부터 가까운 니어 사이드와 먼 파 사이드다. 니어 사이드를 향해 찰 때는 타이밍이 좋게 상대의 앞으로 달려 들어갈 수 있는 용감한 선수를 배치한다. 한편 파 사이드로 차면 체공 시간이 길어지므로 공중 경합에 강한 선수를 배치한다.

킥의 종류에는 크게 나눠 인스윙과 아웃스윙의 두 가지가 있다. 인스윙은 골문 방향으로 휘어지는 궤도로, 수비 측으로서는 수비하기 어려운 공이다. 한편 아웃스윙은 골키퍼로부터 멀어지는 방향으로 휘어지는 공으로, 상대 골키퍼의 능력이 뛰어날 경우 등이 효과적이다.

숏코너라는 선택지도 있다. 가까이 오는 동료에게 짧은 패스를 연결하면 상대는 포지션을 수정하므로 마크를 떼어내기 쉬워진다.

3포인트 레슨

1. 코너킥은 작전을 세우기 쉬운 세트플레이다!

2. 니어 사이드에는 용기 있는 선수, 파 사이드에는 키가 큰 선수를 배치한다!

3. 인스윙과 아웃스윙을 상황에 맞춰 적절히 사용하자!

그림으로 확인하는 전술적 포인트

인스윙인가, 아웃스윙인가?

기본적으로 왼쪽 측면에서는 오른발잡이, 오른쪽 측면에서는 왼발잡이 선수가 코너킥을 담당한다. 이것은 인스윙으로 공을 차기가 쉽기 때문이다. 인스윙은 골문 방향으로 휘어지므로 페널티 에어리어 안의 동료가 살짝 건드려 코스를 바꾸기만 해도 골이 될 가능성이 있다.

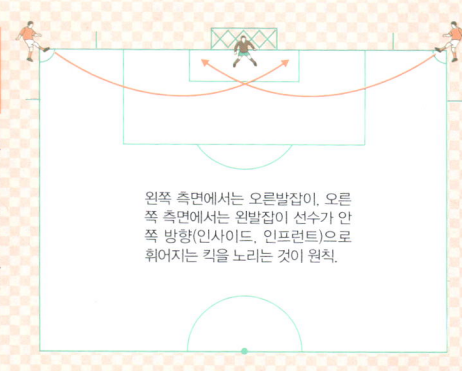

왼쪽 측면에서는 오른발잡이, 오른쪽 측면에서는 왼발잡이 선수가 안쪽 방향(인사이드, 인프런트)으로 휘어지는 킥을 노리는 것이 원칙.

골키퍼의 수비 범위 밖을 노려 찬다

골키퍼는 11명 중에서 유일하게 손을 쓸 수 있으므로 공중전에서 압도적으로 유리하다. 특별한 경우를 제외하면 골키퍼의 수비 범위 안으로 공을 차는 것은 피하는 편이 좋다. 따라서 골키퍼의 수비 범위인 골문 중앙 부근을 벗어난 니어 사이드와 파 사이드가 기본적인 목표가 된다.

골키퍼의 수비 범위 밖을 노려 차는 것이 원칙.

☞ 축구 박사가 밝히는 비밀의 전술

하늘 높이 솟았다가 낙하하는 '하이 코너킥'

배구에는 '하이 서브'라는 것이 있는데, 축구에도 코너킥을 높이 차는 방식이 있었다. 하늘 높이 솟았다가 골문 앞에서 수직으로 떨어지는 공을 차는 것이다. 요즘은 볼 수 없게 되었지만, 1970년대에는 크루이프가 이런 코너킥을 찼고 잉글랜드의 트레버 프랜시스도 이런 킥을 잘 찼다. 이 킥은 상대 골키퍼의 키가 작아 하이크로스 처리에 약점이 있거나 공격 측에 키가 큰 선수가 있을 때 효과적이었다. 그러나 체공 시간이 너무 길기 때문에 연계 플레이가 잘 갖춰진 오늘날의 수비수나 골키퍼에게는 아마도 거의 효과를 보지 못할 것이다.

세트피스 Set-piece

Question: 68 코너킥의 수비 이론

그렇구나!

코너킥을 수비하는 방법에는 지역 방어와 대인 방어, 지역 방어와 대인 방어의 병용이 있다. 코너킥 상황에서 실점하지 않기 위해서라도 어떻게 마크하고 수비할지 방침을 미리 정해놓자.

마크를 놓치지 말라고 해도 놓치는 경우가 있기 마련이지. 그런 마음의 준비도 필요해.

코너킥을 수비할 때 전원이 지역 방어 혹은 대인 방어를 하는 팀도 있지만 지역 방어와 대인 방어를 병용하는 팀이 많다. 여기에서는 이 두 가지를 병용하는 수비법을 설명한다.

지역 방어의 경우에는 골 에어리어를 골키퍼의 수비 범위로 간주해 그곳에 선수를 배치하지 않고 골키퍼의 바깥쪽을 지킨다. 니어 포스트에서 중앙에 걸쳐 공중전에 강한 선수를 3~4명 정도 배치해 지역 방어를 한다. 그곳을 넘어가는 공은 골문에서 멀어지거나 슛을 할 각도가 없어져 우선도가 낮으므로 먼저 니어 사이드와 중앙을 철저히 수비한다.

그리고 지역 방어를 하는 지점의 앞쪽에서는 대인 방어로 수비한다. 이곳은 골문까지 거리가 있으므로 그다지 키가 크지 않은 선수라도 상대에게 바짝 붙을 수 있으면 된다. 지역 방어를 하는 선수는 자신의 공간으로 날아오는 공을 높은 타점에서 경합할 수 있지만 대인 방어를 하는 선수는 상대의 뒤를 쫓아가는 형태가 되므로 공을 경합하기에 적합하지 않다.

코너킥을 수비할 때는 지역 방어와 대인 방어를 함께 활용할 것을 권한다.

3포인트 레슨

1. 코너킥을 수비하는 방법에는 세 종류가 있다!

2. 공중으로 공이 날아오는 장소에서는 지역 방어를 하자!

3. 골문에서 멀리 있는 상대는 대인 방어로 마크하자!

그림으로 확인하는 전술적 포인트

CLOSE-UP 1 지역 방어와 대인 방어를 병용하는 수비법

코너킥의 일반적인 배치 방법이다. 니어 포스트에서 골문 정면에 걸쳐 공중전에 강한 선수를 서너 명 배치한다. 이들은 담당 공간을 정하고 자신의 지역으로 공이 날아오면 클리어한다. 그리고 그 앞쪽에 있는 선수들은 자신이 마크할 선수를 정하고 대인 방어를 한다.

CLOSE-UP 2 클리어한 뒤에는 라인을 올린다

클리어한 뒤에는 라인을 올린다. 라인이 낮은 상태이면 흘러나온 공을 상대가 차지했을 때 위험하기 때문이다. 공에 압박을 가하는 선수의 높이에 맞춰 라인을 끌어올리는데, 라인을 올리는 타이밍이 너무 빠르면 뒤처지는 선수가 생기므로 주의하자.

☞ 축구 박사가 밝히는 비밀의 전술

코너킥의 수비 방법에서 엿볼 수 있는 감독의 생각

코너킥을 수비할 때 모든 선수가 페널티 에어리어로 돌아오는 팀도 있다. 알렉스 밀러 감독이 이끌던 시절의 제프 지바가 그랬다. 이때는 지역 방어로 수비했는데, 전원이 자신의 담당 지역을 철저히 수비하며 클리어를 우선했다. 그러나 밀러 감독 이전에 제프 지바를 지휘했던 오심 감독은 오히려 전방에 선수를 남김으로써 코너킥 때 상대 팀의 수비수가 올라오지 못하게 했다. 코너킥을 수비하는 방법도 감독에 따라 생각이 다른 것이다. 골대 안에 선수를 배치하는가, 배치하지 않는가, 배치한다면 몇 명을 배치하는가 등 팀에 따라 수비 방침이 미묘하게 다르다. 이런 부분을 관심 있게 지켜보면 재미있을 것이다.

세트피스 Set-piece

Question: 69 페널티킥을 성공하는 비결

> 그렇구나!
> 코치도 페널티킥은 키커가 유리하다고 하셨지만, 정말 그럴까? 골키퍼가 서 있는 한가운데로는 도저히 찰 용기가 나지 않아.

페널티킥은 누구의 방해도 받지 않고 골키퍼와 1대1 상태에서 슛을 할 수 있는 절호의 득점 기회다. 넣는 것이 당연하다는 압박감에 굴하지 않고 침착하게 골을 넣을 수 있는 페널티킥의 이론을 알아두자.

페널티킥의 키커에는 크게 나눠 자신이 찰 코스를 정하고 차는 유형과 골키퍼의 움직임을 보고 반대 방향으로 차는 유형이 있다.

자신이 잘 차는 코스를 노리고 차려는 선수는 자신 있게 차자. 골키퍼는 골대 중앙에 서 있으므로 네 귀퉁이에 일정한 속도로 차면 잡지 못한다. 이 유형의 선수는 자신이 쓰는 발과 반대쪽 코스로 차는 경우가 많다.

또 골키퍼의 움직임을 보고 나서 차는 선수는 도움닫기를 하는 사이에 골키퍼와의 참을성 대결에서 이기는 것이 중요하다. 골키퍼가 먼저 움직이면 반대 방향을 노리고, 움직이지 않으면 자신 있는 코스로 찬다. 느릿느릿 도움닫기를 한 다음 인사이드로 굴려 차는 '데굴데굴 페널티킥'은 이런 유형의 궁극적인 형태라고 할 수 있다.

페널티킥은 키커 혼자만의 플레이가 아니다. 키커 이외의 선수들은 골키퍼에 막히거나 골포스트에 맞고 튕겨 나올 경우를 예상해 재빨리 세컨드볼을 향해 달려들 준비를 해야 한다. 가속도를 내며 달려들 수 있도록 페널티 에어리어보다 조금 뒤쪽에서 키커의 도움닫기에 맞춰 달리기 시작하면 효과적이다.

3포인트 레슨

1. 자신의 능력을 믿고 노리는 코스로 자신 있게 차자!

2. 골키퍼의 움직임을 끝까지 살펴 심리싸움에서 승리하자!

3. 페널티킥은 키커 혼자만의 플레이가 아니다!

그림으로 확인하는 전술적 포인트

코스를 미리 정해놓고 찬다

슈팅력에 자신이 있는 선수 중에는 코스를 정하고 차는 유형이 많다. 차기 전에 망설임이 없으므로 슛에 집중할 수 있다. 다만 킥 전의 동작에서 코스를 읽히지 않는 것이 중요하다. 또 코스를 지나치게 의식하다 골대를 벗어나지 않도록 주의하자.

자신 있는 코스로 찬다.

골키퍼의 움직임을 보고 나서 찬다

골키퍼는 어느 정도 운에 맡기고 한쪽으로 몸을 날리므로 골키퍼가 움직일 때까지 슛을 기다리는 것도 효과적인 방법이다. 골키퍼가 몸을 날리거나 중심이 쏠린 방향의 반대쪽을 노리고 차면 슛이 약해도 성공한다. 이것은 정확한 킥 기술이 있는 선수에게 적합한 방법이라고 할 수 있다.

골키퍼가 움직이면 반대 방향으로 찬다.

🖎 축구 박사가 밝히는 비밀의 전술

결승전에서 평소와는 반대로 찬 지단

쓰는 발과 반대 발로 페널티킥을 차는 선수는 없다. 보통 페널티킥은 자신 있는 킥으로 승부하기 마련이다. 지단은 페널티킥을 할 때 항상 왼쪽으로 강하게 공을 찼다. 도움닫기 각도도 똑같았다. 2006년 월드컵 준결승에서는 포르투갈의 골키퍼가 그의 페널티킥 습관을 철저히 연구했다. 그러자 그는 평소보다 짧게 두 걸음만 도움닫기를 하고 킥을 해 페널티킥을 성공했다. 코스는 같았지만 도움닫기가 짧았던 만큼 골키퍼의 움직임이 늦어진 것이다. 또 결승전에서는 과거에 팀 동료였던 골키퍼 부폰이 상대였는데, 선취점을 얻을 수 있는 중요한 상황에서 지단은 보기 드물게 오른쪽으로 찼다. 덕분에 부폰은 완전히 속고 말았다.

세트피스 | Set-piece

Question:

70 페널티킥을 막기 위한 이론

그럴구나!

"페널티킥은 운이다"라는 말이 있다. 그러나 페널티킥은 운이 전부가 아니다. 페널티킥을 막기 위한 기술과 이론은 분명히 존재한다. 페널티킥을 막아 경기의 흐름을 단숨에 이쪽으로 끌어오자!

> 페널티킥 승부만큼은 내가 어떻게 할 수가 없어. 이런 것도 경험 풍부한 골키퍼가 필요한 이유 중 하나지.

말할 필요도 없이 페널티킥에서는 키커가 압도적으로 유리하다. 성공률은 80퍼센트 혹은 90퍼센트라고 한다. 골키퍼로서는 '못 막는 것이 당연한' 상황이다. 그러므로 별다른 압박감을 느끼지 않고 '못 막아도 본전, 막으면 대성공'이라는 생각으로 임할 것이다.

페널티킥을 막기 위한 비결은 키커가 어떤 슛을 할지 읽는 것이다. 가령 도움닫기를 하면서 속도를 낸다면 강력한 슛을 쏠 확률이 높을 것이다. 강한 슛이 날아올 경우에는 골키퍼가 먼저 움직여야 막을 수 있다. 반대로 천천히 도움닫기를 하는 유형은 대부분 코스를 노리고 찬다. 이 유형을 상대할 때는 먼저 움직이면 지므로 움직이지 않고 참는 것이 중요하다. 가만히 있는 편이 키커를 당황시키는 것이다.

다만 강한 슛을 쏠 것처럼 달려오다 골키퍼가 먼저 몸을 날린 순간 발끝으로 공을 살짝 띄우는 식의 속임수를 쓰는 선수도 있음을 잊지 말자.

3포인트 레슨

1. 페널티킥은 못 막는 것이 정상이라고 편하게 생각하자!

2. 상대가 도움닫기를 하며 속력을 낼 때는 먼저 움직이자!

3. 상대가 천천히 도움닫기를 할 때는 꾹 참고 움직이지 말자!

그림으로 확인하는 전술적 포인트

골키퍼를 보면서 천천히 도움닫기를 한다

상대가 네 걸음 이내로 짧은 도움닫기를 할 경우는 코스를 노리고 찰 확률이 높다고 할 수 있다. 짧은 도움닫기로 강한 슛을 차기는 기술적으로 어렵기 때문이다. 골키퍼의 움직임을 보면서 도움닫기를 하는 유형은 골키퍼가 먼저 움직이기를 기다리므로 끝까지 움직이지 않아 어느 쪽으로 찰지 망설이게 하는 것이 페널티킥을 막는 비결이다.

똑바로 들어오며 짧게 도움닫기를 하는 선수는 코스를 노리고 찬다.

긴 도움닫기로 속도를 높인다

골키퍼는 되도록 먼저 움직이지 않는 것이 철칙이지만, 공과 골문의 거리가 가까우므로 상대가 강한 슛을 구석으로 찬다면 먼저 몸을 날려야 막을 수 있다. 쓰는 발과 도움닫기의 거리, 도움닫기의 각도, 시선, 축발의 방향 등을 통해 슛 코스를 예측해 페널티킥을 방어하자.

비스듬하게 들어오며 네 걸음 이상 도움닫기를 하는 선수는 강하게 찬다.

👉 축구 박사가 밝히는 비밀의 전술

승부차기에서 요구되는 승부욕

앞 항에서도 말했지만, 대체로 선수마다 페널티킥을 차는 패턴이 정해져 있다. 팀의 페널티킥 담당은 페널티킥을 찰 기회가 많기 때문에 상대 팀도 그 선수의 경향을 간파하고 있을 수 있다. 그래서 키커와 골키퍼의 심리싸움이 벌어진다. 그러나 승부차기에는 평소에 페널티킥을 차지 않는 선수도 참가하기 때문에 데이터가 없는 경우도 있다. 그럴 때는 골키퍼가 즉석에서 도움닫기의 거리와 각도, 쓰는 발, 시선 등을 바탕으로 예측하는 수밖에 없다. 승부차기에 강한 한 골키퍼는 데이터가 있어도 승부차기 때는 백지 상태로 임한다고 말했다.

161

Epilogue
에필로그

이 책을 읽은 사람은 틀림없이 축구 실력이 향상된다

이 책을 쓴 뒤에 느낀 솔직한 감상은 '만약 내가 어렸을 때 이 책을 읽었다면 더 좋은 선수가 될 수 있었을 텐데…'였다.

축구에서는 똑같은 상황이 두 번 일어나지 않는다. 선수는 어디로든 자유롭게 움직일 수 있으며 어느 곳으로나 공을 찰 수 있다. "축구만큼 자유로운 스포츠는 없다"라고 말하는 이유가 여기에 있다. 그러나 축구에 '똑같은 상황'은 없어도 '비슷한 상황'은 수없이 찾아온다. 이것이 '정답'이라고 할 수 있는 플레이는 없지만 '정답에 가까운 플레이'는 있다. 요컨대 이론이다. 축구 경기에서 일어나는 여러 가지 현상을 추출해 '정답에 가까운' 플레이를 소개한 것이 이 책이다.

"이 책을 읽으면 내일부터 여러 명을 드리블로 제칠 수 있게 된다!"라든가 "리프팅을 많이 할 수 있게 된다!"라는 약속은 할 수 없다. 그러나 이것만큼은 확실히 말할 수 있다. 이 책을 읽은 사람은 틀림없이 축구 실력이 향상된다.

시험이든, 퀴즈든, 축구든 머리를 쓰는 사람이 쓰지 않는 사람보다 압도적으로 유리하다. 축구 실력이 향상되기 위한 첫걸음은 공을 많이 차는 것이다. 그리고 축구를 알려고 노력하는 것이다. 이 책에는 축구 실력이 향상되기 위한 힌트가 가득 담겨 있다.

기타 겐이치로

SOCCER - SENJUTSU TOHA NANIKA? GA
DAREDEMO KANTAN NI WAKARU YOUNI NARU HON
by KENJI Nishibe and KENICHIRO Kita.
Designer Ryu Kakegawa, Naoki Igarashi.
Copyright © 2011 Kenji Nishibe, Kenichiro Kita, Mynavi Corporation.
All rights reserved.
Original Japanese edition published in 2011 by Mynavi Corporation, TOKYO.
Korean translation rights arranged with Mynavi Corporation, TOKYO
and HANS MEDIA, Korea through PLS Agency.
Korean translation edition © 2012 by HANS MEDIA, Korea.

이 책의 한국어판 저작권은 PLS를 통한 저작권자와의 독점 계약으로 한스미디어에 있습니다. 신저작권법에 의하여 한국어판의 저작권 보호를 받는 서적이므로 무단 전재와 복제를 금합니다.

한 권으로 끝내는
축구 전술 70

1판 1쇄 발행 | 2012년 10월 22일
1판 6쇄 발행 | 2024년 5월 22일

지은이 니시베 겐지 · 기타 겐이치로
옮긴이 김정환
감　수 한준희
펴낸이 김기옥

실용본부장 박재성
마케터 서지운
지원 고광현, 김형식

디자인 푸른나무디자인
인쇄·제본 대원문화사

펴낸곳 한스미디어(한즈미디어(주))
주소 04037 서울시 마포구 서교동 392-34 강원빌딩 5층
전화 02-707-0337 | **팩스** 02-707-0198 | **홈페이지** www.hansmedia.com
출판신고번호 제 313-2003-227호 | **신고일자** 2003년 6월 25일

ISBN 978-89-5975-483-0 13690

책값은 뒤표지에 있습니다.
잘못 만들어진 책은 구입하신 서점에서 교환해 드립니다.